陈尚武 编著

社群革命

企业管理出版社
ENTERPRISE MANAGEMENT PUBLISHING HOUSE

图书在版编目（CIP）数据

社群革命 / 陈尚武编著 . -- 北京 : 企业管理出版社 , 2018.6
ISBN 978-7-5164-1671-6

Ⅰ . ①社… Ⅱ . ①陈… Ⅲ . ①网络营销 Ⅳ . ① F713.365.2

中国版本图书馆 CIP 数据核字 (2018) 第 029297 号

书　　名：	社群革命
作　　者：	陈尚武
选题策划：	周灵均
责任编辑：	周灵均
书　　号：	ISBN 978-7-5164-1671-6
出版发行：	企业管理出版社
地　　址：	北京市海淀区紫竹院南路 17 号　邮编：100048
网　　址：	http://www.emph.cn
电　　话：	总编室（010）68701719　发行部（010）68701073
	编辑部（010）68456991
电子信箱：	emph003@sina.cn
印　　刷：	北京春雨印刷有限公司
经　　销：	新华书店
规　　格：	140 毫米 ×210 毫米　32 开本　4.875 印张　160 千字
版　　次：	2018 年 6 月第 1 版　2018 年 6 月第 1 次印刷
定　　价：	39.80 元

版权所有　翻印必究・印装有误　负责调换

前言

序幕正在拉开

亚里士多德在《政治学》中说，"离群索居者，不是野兽就是神灵"。鲁滨逊在孤岛漂流了28年，但这只在小说中才存在。美国心理学家曾测验，人能承受多少孤独，尽管实验报酬很高，却没有人能在这项孤独实验中忍耐三天以上。实验结束后即使让他做一些简单的事情他也会频频出错，精神也集中不起来。人生来就是群居动物，离不开社会群体。

社群，一般社会学家与古地理学家所指的社群（community），广义而言是指在某些边界线、地区或领域内发生作用的一切社会关系。

几十万年以来，人类的社群关系经历着缓慢的变革，但是这种变革一直是依据血缘、地域的变化在慢慢扩大。始终没有离开家庭、宗族、民族、种族、地缘的范畴。然而互联网的到来打破了这种格局，人们不再局限于已有社群范围，互联网带来的各种社交平台正在以摧枯拉朽之势改造着我们的社群关系。

『社群革命』

仅以中国为例，近十几年来从 BBS、QQ、微博到微信、直播，把我们从基于血缘、地缘为主体的社群关系扩展到互联网所能达到的任何角落。有一个著名的"六度空间"理论：你通过六个人就可以认识世界上任何一个人，包括美国前总统奥巴马；而我们每一个普通人只要基于个人的兴趣爱好、需求，就可以很快加入或者建立一个微信群、QQ 群，重新建立一种社群关系，完全不再拘泥于过去的熟人介绍。

互联网对社群的改造之深、涉及之广、速度之快是人类有史以来前所未有的。狄更斯在《双城记》中的名言一次次被现代人惊叹性地引用：这是最坏的时代，这是最好的时代。

这是我们对未知的惶恐，对现实的无奈，这是一次前所未有的社群革命。

每一次革命，都是对社会的倾覆，对原有社会关系的颠覆，对财富的重新分配。在新一轮的社群革命中，我们每个人何去何从？

序幕正在拉开……

编者

2018 年 5 月

目录

开　篇　顺势而为 /1

第 一 章　颠覆：这是一个"最坏"的时代 /9

　　第一节　实体店的衰落成定势 /11

　　第二节　传统电商发展遇瓶颈 /14

第 二 章　崛起：这是一个"最好"的时代 /19

　　第一节　社群时代来临，微商的崛起 /21

　　第二节　微商产业发展现状 /27

　　第三节　121 微店，轻创业模式 /31

第 三 章　每个人都可能是一个大 IP /41

　　第一节　这是赢家通吃的时代 /43

　　第二节　这是普通人胜利的时代 /45

第四章　从"小白"到"大佬"，微商九段升级法 /51

第一节　微商初段入门 /54

第二节　微商二段—五段升级：如何成为专业微商 /94

第三节　微商六段—七段升级：相信团队的力量 /110

第四节　微商八段—九段升级："大佬"的修炼之路 /132

结 语 /145

开篇

顺势而为

『 开篇　顺势而为 』

技术革命改变世界，社群革命来临。

和趋势相比，人是相当渺小的。我们只是宇宙中的一粒尘埃，每当新时代来临的时候，我们要么顺应时代，进行自我改造，要么被时代的洪流所淹没。物竞天择，适者生存。这是万物不变的生存法则。

恐龙曾经统治这个地球上亿年，只有恐鸟经过进化，不断改造自己，成为今天的鸟类，仍然在天空翱翔，而其他大型爬行动物都灭绝了，它们的尸骨躺在冰冷的博物馆内供人观赏。

和恐龙相比，人类统治地球的历史是相当短暂的，即使在短暂的历史之中我们也能看到趋势对人类文明的深刻影响，而这种影响也改变了人类的社群关系。

1773年3月，瓦特制造的第一台实用型蒸汽机在英国波罗姆菲尔德煤矿点火，照亮了人类生活的一个新时代。蒸汽机和它的后代们开启的大工业，将人类从徜徉万年的田野和山泽中召唤出来，在特定的地点汇聚为集体共生的大都会。200年，仅仅200年，世界人口增长了6倍，而世界城市人口增长了60倍。恰如1884年卡尔·马克思历史性的感叹："不到一百年所创造的生产力，比过去一切时代创造的全部生产力还要多，还要大。"

工业革命到来将人类从农业社会带领到工业社会，人类的社群关系第一次被深刻地改造，出现了工厂、工人以及后来的公司、职员。人类的社群关系在几千年不变的农业社会之后，第一次出现了重大重组。这次重组仍然是基于民族、种族和地域进行的一次重组，但是对世界的影响是深刻的。中国、阿拉伯、印度，这些曾经影响世界历史进程的文明，没有抓住历史的趋势，落寞了，西方文明开始统治世界数百年。东方的日本很快适应了这种变化，通过明治维新，率先在东亚建立现代意义上的民族国家，成为强国，完成了落后者的逆袭。这一阶段社群变革最大的特点就是现代民族国家代替了王朝，东方落后于西方，人口开始聚集到城市，形成新的社群。但是一直到这里，我们仍旧称这次工业革命对社群的影响为社群变革，因为社群的本质没有变，基于地缘血缘的关系没有变，个人在这种社群关系中依旧是非常渺小的。

20世纪中期，人类发明创造的舞台上降临了一个不同凡响的新事物。众多学者认为，这是人类另一项可以与蒸汽机相提并论的伟大发明。这项可能创生新时代的事物，叫作互联网。《连线》杂志创始主编凯文·凯利认为："我们通过结合把自己变为一种更强大的物种，互联网重新定义了人类自身存在的目的及在生活中扮演的角色。"互联网带来的新文明是革命性的。它第一次打破了人类以血缘和地域为基础的社群关系，通过互联网将不同兴趣、爱好，不同地域，不同种族的人连接在一起，我们只要打开电脑，或使用手机，理论上就可以和世界上任何一个人进行联系，形成新的社群关系，这使我们面临一次新的

"洗牌"。

互联网催生的社群是一种基于互联网的新型人际关系，与以往的社群相比有如下的特点：

1. 开放性

互联网打破了时间和空间，人们的交流不再拘泥于时间、地域的限制，在任何时间、任何地点人们都可以通过互联网进行交流。互联网已经把世界变成一个地球村，便捷的交流是在任何时间、任意地点进行的。

2. 平等性，多中心化

互联网的虚拟化，使人们使用互联网工具和平台时未必使用真实的身份，用一个头像、一个ID、一个虚拟的符号来代替真实的自己。人们不再拘泥于现实社会中的身份识别、地位识别、族群识别，在互联网上每个人是平等的，每一个人都可以在这里重塑自己的形象，或为网络名人，成为意见领导者。马化腾说："世界是平的。"这是一次真正的民主革命，每个人的意见被充分地发挥出来，人们体验到前所未有的自由。

3. 群体边界的模糊化，群体成员的异质化

我们原有的社群关系是以"我"为中心向外扩散，最基本的关系是亲属关系，从家属、家族到宗族，再向外推就是朋友关系、师生、同学、同事，从己向外推构成的社会范围是一种

私人联系，也是个人的社群关系。如今，原有的社群关系被互联网工具解构，变成社交平台的微信群、QQ 群、微博，以及基于兴趣、学习、工作组成的社群，相互之间的联系纵横交错。如图 1 所示。

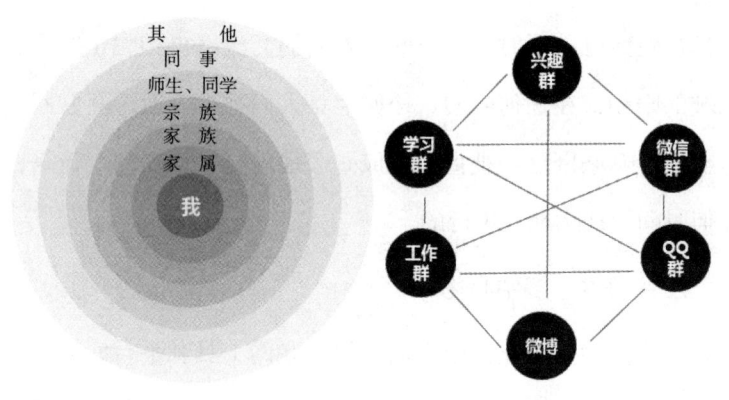

图 1　原有的社群关系被互联网工具解构

对于网络社群，由于缺少现实群体中的权威、地位、角色规范以及其他可以作为整合的力量资源利益关系，群成员的退出和进入都相对自由。它的黏性与吸引力都不如现实生活中的社群。

网络社群打破原有的社群关系，人群异质化特征明显。在天涯社区内部栏目划分上，有根据职业类别而设置的，如教师、军人、艺术爱好者、市场销售人员等专门活动区，有根据各主题而设置的诸如情感专区、天涯互动、心灵热线等栏目组，还有根据地域而设置的如天涯城市等分类区域，基本涵盖了各类人群。不同社会属性的人们可以根据自己的爱好、兴趣,在网络社区中找到其愿意参与的活动空间。微信群把这一特性更是发挥到极致。随时随地可以拉不同的人进群,这在人类已知的历史中是不可想象的。

4. 弱关系,强动员

网络社会关系基本上是一种弱关系,人与人之间基本上没有过去、现实深度交往的历史,甚至绝大多数人在现实中根本不认识。但是网络社群所产生的能量却不逊于任何现实中的集体。网络社群有一个重要功能是围绕某种共同的利益或者兴趣把成员们团结在一起,凝聚情感和力量,在经济生活、社会生活,以及政治生活中发挥重大作用。网络社群不仅是大家情感宣泄、寻找心理安慰的纯精神交流场所,更会产生实质性的互动和行动。比如汶川地震后海内外华人"同属中华儿女,情系同胞手足,理当患难与共"的团结情感空前高涨,情感在网络社会内的传播催生了一大批网民自发的援助行为。又如前不久中韩共同抵制布署"萨德"系统,民间通过网络传播自发地抵制"乐天"的行为,以及聂树斌案件、"西安表哥"事件、抵制莎朗·斯通等。在一次又一次的网络"热点"问题上,弥散的网络在组织化程度上不断提升,对现实社会有巨大的影响力。

和以往社群变化不同,这次社群关系的"洗牌"是颠覆性的、前所未有的,所以我们将它定义为"社群革命"。这一次社群革命,将赋予我们每一个人更大的权力，人们的命运更多地交到个人手中。

这是一场对历史的彻底颠覆。我们需要了解这一趋势，顺应这一趋势，做出正确的选择，完成自身的"进化"，才能不做麻木的恐龙，才能成为"不死鸟"。

第一章

颠覆：这是一个"最坏"的时代

『 第一章　颠覆：这是一个"最坏"的时代 』

第一节　实体店的衰落成定势

传统的实体店正面临着严峻的考验！

从百货到零售，从鞋业到服饰，传统行业遭遇前所未有的打击。近几年接连倒闭的百货店不胜枚举，从外资第一店的百盛，到要关掉国内一半百货门店的万达。多家关闭的商场似乎在提醒着人们，关门、倒闭已经成为近两年的主旋律，实体零售业的"关店潮""倒闭潮"来了！

从 2015 年开始，中国百货关店潮席卷而来，17 个省市、14 个品牌、63 家百货门店宣布关闭。从关店分布地区来看，东部地区百货关店最严重，福建省成为百货关店的重灾区，仅万达百货就在福建省关了 8 个门店。从关店品牌来看，万达百货以关闭 35 个门店居首位，其次为天虹百货（5 家）、玛莎百货（5 家）、金鹰百货（5 家）[1]。

关店潮愈演愈烈，百货、超市、便利店、餐饮、购物中心纷纷受到冲击。一份在网上流传甚广的《实体店阵亡名单》揭露了实体店"尸横遍野"的现状。名单上大致列出了涉及百货、

---

[1] 商学院杂志，《中国百货店迎来倒闭潮，有多少实体产业能撑的过 2016？》，凤凰新闻，http://share.iclient.ifeng.com/news/sharenews.f?forward=1&aid=116081836#backhead。

超市、奢侈品品牌、服装行业和餐饮等7大领域，其中包括梅西百货、万达百货、香奈儿、沃尔玛、家乐福、7-11、麦当劳、咖啡陪你、美特斯邦威、李宁等知名品牌。可见，全国性的品牌和外资品牌在"关店潮""倒闭潮"之下，无一幸免。如图1-1所示。

图1-1 全国性的品牌"关店潮"

2016年年初，沃尔玛宣布关闭全球269家沃尔玛实体店；万达百货位于宁波、青岛、沈阳、芜湖等地的近40家店关闭；乐购山东6家店全部关闭；还有天虹百货、阳光百货、马莎百货等也纷纷沦陷。据统计，2016年整个上半年，在单体百货、购物中心，以及2000平方米以上的大型超市业态中，22家公司共关闭了41家店铺。被关店铺持续经营时间平均为6.84年。其中，百货与购物中心15家，歇业店铺的营业总面积超过60万平方米，持续经营时间为8.67年[②]。就连121微店的总部所在地——北京朝阳区十里堡大型地标性购物中心，西单商场和

---

② 中国迎来倒闭潮，还有哪些实体店能撑过2016？》，亿邦动力网，http://www.ebrun.com/20161209/205730.shtml?from=timeline&isappinstalled。

『 第一章　颠覆：这是一个"最坏"的时代 』

华堂商场都相继关闭。2016年上半年主要零售企业关店统计，如表1-1所示。

表1-1　2016年上半年主要零售企业关店统计

业态	企业	城市	门店	面积(m^2)	关店时间	开业时间
百货及购物中心	百盛	西安	东大街店	19000	2016.6.11	1998.1.18
	百盛	重庆	大坪店	-	2016.3.31	1995
	摩尔百货	成都	天府店	30000	2016.2.29	2002
	NOVO百货	重庆	大融城店	3500	2016.2.25	2013.9
	来雅百货	泉州	中骏世界城店	35000	2016.3.31	2014.5.31
	友谊酒店	广州	南宁店	20000	2016.4.26	2007.7
	华联商厦	成都	成都店	-	2016.6.28	1994.5.18
	天虹商场	深圳	深南君尚百货	20000	2016.2.7	2014.6.19
	哈韩百货	长春	桂林路店	-	2016.1.15	2014.9.26
	喜乐地购物中心	长沙	万家丽路	80000	2016.3.10	2007
	西单商场	北京	十里堡店	14000	2016.1.10	2010.4
	南京八佰伴	南京	南京店	25000	2016.5.16	2008.9.26
	世纪金花	银川	银川店	10000	2016.4	2010.10.23
	金鹰商贸	合肥	宿州路店	80000	2016.1.1	2010
	新华百货	银川	东方红店	46000	2016.2.28	2011.9.9

注：根据互联网公开资料整理。

不断上涨的店铺租金、人力成本，再加上电商的冲击等因素，直接导致了实体零售业的"倒闭潮"根本停不下来。

　　毫无疑问，实体店铺已不再是创业者心驰神往的领域，这一股经济洪流已经变成了一片沼泽，任何一个踏入其中的人都会陷入泥沼，互联网带来的信息洪流是对过去以信息封闭渠道为王的实体店铺的一场革命，要想在时代的风口浪尖有所作为，就必须跟紧趋势，站准队伍。

第二节　传统电商发展遇瓶颈

　　问题是，实体店哀鸿遍野，难道传统电商就是风生水起了？其实，传统电商也未必乐观。

　　淘宝赚钱吗？

　　大数据显示，90%的淘宝商户不赚钱。根据互联网公开资料显示，淘宝上的注册商家已经超过1000万家，其中，每个月真正活跃的商家大约有400万家，也就是说，剩余的600万家是不活跃的。不活跃的商家意味着连续30天都没有过任何的交易，而这些不活跃的商家都可以划归到不赚钱的卖家集合当中。那么，淘宝上到底有多少商家是赚钱的？

　　依据不完全统计，所有淘宝天猫的注册商家中只有95.28万家是真正赚钱的[3]，还不足100万家，也就是不足10%。淘

---

[3] 鬼脚七，《数据说话：90%的淘宝卖家不赚钱！》，http://www.yixieshi.com/20750.html。

『第一章 颠覆：这是一个"最坏"的时代』

宝 2016 年 GMV 已经突破了 3 万亿元[④]，规模足够大，继续增长面临瓶颈，对于越来越多的淘宝卖家来说，挤进前 10% 恐怕越来越难。

传统电商曾经靠着"价格搅局者""成本搅局者""资本搅局者""舆论搅局者"的身份，在互联网的大背景下曾经吹起了一阵潮流风，但也酿造了泡沫。抗风险能力低、烧钱速度快、客流不稳定等因素导致了一切以所谓"创新模式""投机性经营"的传统电商逐渐走向死亡之路。2016 年至 2017 年年初电商"死亡"名单，如表 1-2 所示。

表 1-2 2016 年至 2017 年年初电商"死亡"名单

"死亡"时间	电商名称	关键词	反思
2016.1	蜜淘	跨境电商	无法和巨头拼价格战，加之跨境电商政策影响导致库存积压严重；押注韩国市场被动求生，产品单一无特色，未能挽回颓势
2016.2.4	最鲜到	同城众包配送	业务模式陈旧，缺乏创新，融资失败，导致现金流断裂
2016.4.5	博湃养车	汽车电商	节奏过快，融资后疯狂扩张
2016.4.7	美味七七	生鲜电商	营销层面的大量补贴，生鲜损耗难以控制，采购过程暗箱操作；自营配送点的建立耗资巨大；融资后团队核心成员流失，用户体验下降

[④]《阿里巴巴 2016 财年电商交易额突破 3 万亿元》，21CN 新闻，http://news.21cn.com/caiji/roll1/a/2016/0322/03/30798719.shtml。

续表

"死亡"时间	电商名称	关键词	反思
2016.4.29	大师之味	餐饮O2O	O2O已经不再是轻型创业。成本增加，新的融资未能到位，业务新方向不明确，最终导致资金枯竭
2016.6.23	淘在路上	在线旅游	热衷于大促，大量的资金用于采购流量、广告投放以及用户补贴，使经营陷入困境
2016.7	品一照明	照明电商	成本大，导致资金链断层
2016.7.22	神奇百货	二次元、"90后"创业	融资后盲目扩张，大幅增员，管理欠佳，与创投市场趋势不容
2016.9.9	云在指尖	购物	多级分销返佣的模式涉嫌传销；靠利益驱动不如靠产品自身驱动，培养用户的忠诚度才是王道
2016.9.19	壹桌网	生鲜电商	现在的生鲜电商中，物流仓储一般占据整体价格的10%，人工成本占据10%，市场推广的用户补贴占10%，货物损耗占5%~10%，如此，生鲜的毛利才只有10%~20%
2016.12.26	安个家	房产O2O	资本寒冬叠加行业的宏观环境，牵绊着公司的经营运转，步履艰辛；团队没有找到行业互联网化的有效模式
2017.1	绿盒子	童装电商	传统品牌大举布局电商，淘品牌红利不再；童装同质化现象严重，融资失败以及实体店布局导致资金压力剧增

续表

"死亡"时间	电商名称	关键词	反思
2017.1	帛澜家纺天猫店	家纺电商	产品质量不过关，曾经因涉嫌虚假宣传被处罚；店铺销量下滑，加之线上运营成本不断上升，终被淘汰
2017.1.10	爱生活融e购	网路传销	以电商之名，行传销之实
2017.1.27	订房宝	酒店电商	低频市场导致用户成本一直无法下降，对后期运营造成巨大的困难
2017.2	周伯通招聘	互联网招聘	模式缺乏核心竞争力；行业竞争对手都相继获得了融资，但周伯通招聘一直少有声音

注：根据互联网公开资料整理。

还有些传统电商虽然活着，但活得无比艰辛，也奄奄一息。2017年伊始，作为创新层上的电商企业"米米乐"过得就有些艰难。头顶"新三板的第一家全国综合电商平台"光环而来，时隔两年，"米米乐"不仅净利润同比下降378%，同时负债增加至8197.63万元[5]。亏损带来的直接后果就是市值的缩水。再看酒仙网，这是唯——一个市值破百亿的新三板电商企业，尽管以204.31亿元的市值独占新三板电商鳌头，却不能掩盖公司是亏损大户的事实[6]。

[5]新三板创新层米米乐经营能力堪忧》，新三板，http://xinsanban.10jqka.com.cn/20170220/c596517243.shtml。
[6]2017商死亡名单已公布 新三板上的企业坚持住》，新三板，http://news.10jqka.com.cn/20170223/c596582859.shtml。

有人说，在 PC 时代，淘宝革了百货的命，京东革了电器卖场的命，天猫革了超市的命。但在移动互联时代，线上线下融合的 O2O、"新零售"兴起，电商也开始进入"洗牌"阶段。

移动互联网时代，一定会有新的模式来对现有的传统电商平台进行补充。现在是补充，未来是抗衡。有人说是微商，也有人说是社群电商，或许都是吧，需要时间来检验。

第二章

崛起:这是一个"最好"的时代

『 第二章 崛起：这是一个"最好"的时代 』

第一节 社群时代来临，微商的崛起

在传统企业和传统电商一片哀鸿的时候，我们看到一个新生的商业模式却如火如荼地发展起来。

电商的渠道由原来的自有平台转战到了以微信、QQ等为代表的社交网络上，因此"熟人推荐"和"产品口碑"成为了影响消费者购买的主要因素。社交平台成为重要的营销阵地，通过社交圈的扩散，营销的传播效果可以成指数级地扩大。随着新的商业模式的诞生，有一匹黑马正从淘宝、京东等千军万马的电商中冲杀出来，那就是微商。

微商以社群为纽带，将卖家与买家之间紧密地连接在一起。微商以信任为基础，将整个商业市场的产业链完全重构。一款商品在到达用户的过程中，经历微商、媒介平台、支付、物流等各个环节和流程，参与的角色越来越多。

微商是社群革命对现有商业结构颠覆与重构的杰出代表。2016年全国电子商务营业收入总额在2万亿元左右，微商在2016年所创造的产值已超过5000亿元，从业人数超过3000万人，而在2017年，增速达到80%[7]。在此之前没有任何一个行

---

[7] 数据来源：央视新闻视频《2016年微商营业额达5000亿元，亟待立法规范》，https://v.qq.com/x/page/r0383ip31hm.html。

业可以拥有如此庞大的从业人数。

传统企业中市场销售额达到上千万元就可以算是一个不错的企业了，但是在微商团队里，销售额达到上千万元的企业并不新鲜。一些品牌在开盘的第一周或第一个月销售额就可以突破千万元。传统的商业公司，员工人数从几个人发展到几百人可能需要多年的时间，而在微商体系，也许一天就能发展为千人团队、万人团队。

为什么会出现这种情况？大家都知道一个简单的道理，"有人气才有财气"。

前几年，随着互联网的发展，人们逐渐从实体店到互联网上。现在大家人手一部手机，手机上应有尽有，人们又从电脑到了手机，人气来到手机。

过去大家都在实体店逛街的时候，实体店的生意当然就好。大家都到PC电脑上的时候，淘宝、京东也就应运而生了。

但是人们现在也很少用电脑，都在玩手机，那么淘宝的生意自然也不好做了。淘宝是PC电脑时代的产物。

那么，人们在手机上玩什么呢？微信。微信几乎成为我们主要的社交工具，也成为我们生活中不可缺少的一部分。

"我们可以没有一只手，但是不能没有手机"，移动互联网时代到来了。

『 第二章　崛起：这是一个"最好"的时代 』

微商的时代来临了。

微商的火爆得益于移动互联网时代的到来，手机的普及让我们每个人都可以利用碎片化的时间获取资源。交流、分享变得非常简单，只要一部手机，随时随地地工作赚钱。微商是继淘宝之后，又一个全民参与的领域。

微商做的朋友圈经济属于分享型经济。分享型经济，换句话说就是"使用而不占有"。以微商层面解释，就是依靠社交平台，将好的产品和服务不断推销给消费者，带动整个商圈、生活圈的发展，却仅仅是依靠而不是占有某个平台。

李克强总理在 2015 年的夏季达沃斯论坛上指出，"目前全球分享经济呈快速发展态势，是拉动经济增长的新路子"。中共十八届五中全会也将"分享经济"写入"十三五"规划建议。

而今，分享经济的火苗已经"烧到"了全国两会，"分享经济"一词首度进入政府工作报告——"支持分享经济发展，提高资源利用效率，让更多人参与进来、富裕起来"。政府工作报告首提"分享经济"这一热词，对相关行业是一种鼓励。在备受关注的全国两会舞台上"首秀"之后，各类分享模式企业呈指数级扩张，分享经济浪潮席卷全球。

分享经济的价值早已深入到我们每个人生活的方方面面，给我们带来巨大的方便。身处互联网时代的我们，几乎每天都会有惊喜。比如，逐渐淡出人们视线的自行车，一夜之间换上新衣强势回归，摩拜单车、ofo、小蓝车等在马路边随处可见。又比如，当2012年第一辆滴滴快车出现的时候，谁又能想到现在出门必"滴滴"呢？如图2-1所示。

图2-1 共享经济渗透到各个领域

当下，我国正处在分享经济发展的黄金期，从事分享经济的企业和个人将会越来越多。微商把好的商品和服务分享给身边的人，并把知识、情感、正能量传递给客户，信任和成交都是建立在微商不断分享的内容基础上，最终把信任转化成销售，微商就是分享经济的体现，"分享"也是未来商业发展的趋势。

"十三五"强调：鼓励和规范社交网络营销创新。鼓励电子商务企业依托新兴的视频、流媒体、直播等多样化方式，开展"粉丝"互动，如实传递商品信息，建立健康和谐的社交网络营销方式。

央视新闻说，微商普惠草根人群、自带移动社交的特殊属性，解决了大量的就业问题。就连极具政策风向的央视春晚也在 2017 年说："1 个手机 6 个群，我有 3000 多客户呢。"一部手机，一个世界，现在已进入全民微商时代，如图 2-2 所示。

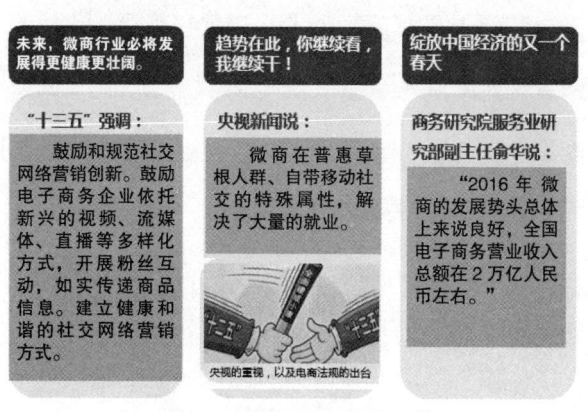

图 2-2 微商成为时代风口

未来，微商行业必须发展得更健康更壮阔。

"十三五"强调：鼓励和规范社交网络营销创新。鼓励电子商务企业依托新兴的视频、流媒体、直播等多样化方式，开展粉丝互动，如实传递商品信息。建立健康和谐的社交网络营销方式。

趋势在此，你继续看，我继续干！

微商在普惠草根人群、自带移动社交的特殊属性，解决了大量的就业。

央视的重视，以及电商法规的出台

绽放中国经济的又一个春天

商务研究院服务业研究部副主任俞华说："2016 年微商的发展势头总体上来说良好，全国电子商务营业收入总额在 2 万亿人民币左右。"

无论是来自国家媒体 CCTV，还是行业的电子商务协会，或者是对行业中一些权威人士的采访，微商得到了越来越正面的评价和认可。这对微商行业的从业者来说是一个非常好的大环境。

2016 年年底，李克强总理邀请马化腾在内的一批人，参加全国大众创业、万众创新活动周"中外创客领袖座谈会"。马化腾向总理汇报，腾讯公司通过支持小团队创业，帮助解决了 2000 多万人的就业问题。在这里，我们一眼就能够看出来，马化腾讲的创业小团队，实质上就是微商团队。否则，微信上哪来的创业团队，又哪来的 2000 万人创业？

总理听后亲自为微商发声，说："能制造 2000 万个就业岗位很了不得！""我们把创新创业和大众结合起来，那就使得创业创新不再是小众行为，而是大众行为。把创新创业和大众结合起来，实际上是尊重每个人的智慧和尊严，让他们都能发挥自己的特长和优势。"

微商普惠草根人群，解决了大量就业问题，地方政府也开始鼓励支持微商行业的发展，陆续出台系列政策。

《吉林省人民政府办公厅关于发展众创空间推进大众创新创业的实施意见（2015）》中明确表示："允许在校学生休学创业、微商创业。"

福建省建宁县人民政府印发的《建宁县 2016 年商务工作意见》中指出："加快实施电商'5585'（用三年时间培养 5000 名电商人才、培育 5000 家淘宝网店微商、实现 85% 的企业开展电商营销）计划。"

《合阳县人民政府关于分解落实 2017 年政府工作报告工作任务的通知》中指出："大力发展以农产品销售为重点的电商、微商，建立乡村电商示范点。"

这些政策和政府文件的出台，都表明了一个重要的信号：政府开始鼓励微商这种经济模式的成长，为微商行业大踏步向前发展提供了有力保障。

『 第二章　崛起：这是一个"最好"的时代 』

第二节　微商产业发展现状

一、从野蛮生长到严肃整顿再到规范化运营

任何新生事物的发展都不是一蹴而就的，必然经历循序渐进的过程，只要符合人类社会发展规律，即使遇到问题和挫折，历史的车轮也会继续推动新生事物向前发展。回顾微商行业的发展历程，从2012年到2017年，5年间经历了从野蛮生长到严肃整顿再到规范化运营的过程。

2012年微信的兴起使基于社交发展的移动电商销售模式走入大众视野，草根微商通过代理卖货实现人生逆袭。2014年，以俏十岁、韩束为代表的品牌试水微商产业，作为首轮试水品牌，名声大噪。发展过快的微商产业出现了恶性竞争、虚假销售等问题，行业发展鱼龙混杂、水平参差不一。2015年以后，国家打假、网络曝光并出台了"V5条"管理及相关监管对策，逐步规范微商市场。2016年，国家工商部门对"云在指尖"的处罚说明了政府对打着微商旗号做传销行为的坚决态度。通过一系列的整顿，2017年，微商行业进入全新的拐点，向平台化、规模化、品牌化方向发展。中国微商市场产业链，如图2-3所示。

图 2-3　中国微商市场产业链

  2016 年，我国微商行业总体市场规模超过 5000 亿元，全国微商从业人口规模超过 3000 万人，微商市场交易规模和从业人员保持快速增长态势，微商参与者众多，渠道分布多样化。微商商品供应以复购率高、适用人群广的服装、化妆、日用、保健等产品为主，社交平台主要依托微信、微博、QQ 等主流社交平台，微店等第三方微商平台也不断涌现，为微商的蓬勃发展提供了更多机会。

二、从个人到平台，微商开始品牌化、全民化

  不同微商对于活跃平台有所侧重，个人微商多活跃于微信，品牌型微商则依托第三方平台或者微信端的微店来运营。根据微商运营主体的不同，我们把微商分为四种模式：平台型、垂直型、个人代理型和品牌自营型。如图 2-4 所示。

『第二章　崛起：这是一个"最好"的时代』

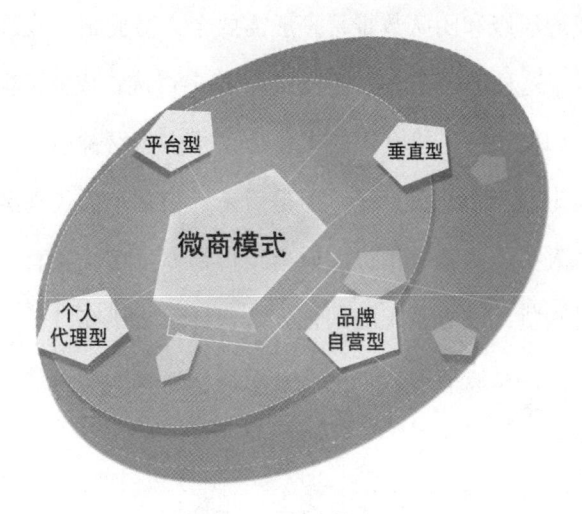

图 2-4　微商模式

平台型微商以有赞、点点客、微盟、淘宝的淘小铺为代表，这类微商平台一般为商家提供交易场所、营销工具，并采用分销体系，帮助商家卖货。平台本身不提供商品和内容服务，各类商家可以自由入驻，缴纳一定的工具使用费，自己进行销售运营，入驻的多是传统企业开拓手机移动端的销售业务。

垂直型微商以某种产品类别、特定消费人群为目标，进行深度营销，以专注母婴用品的大V店、聚焦化妆品的云集为代表。这种微商模式一般通过自己开发的APP进行导流分销，平台统一进行招商和日常运营，用户通过购买一定价格的商品开微店，邀请朋友注册成为团队成员，进行销售裂变刺激，赚取奖金。

个人代理型微商是一种基于社会关系网的商业模式，注重发展代理层级和团队数量，一般需要个人微商根据代理层级垫资囤货。这种模式在2014年创造了很多奇迹，成就了很多微商品牌，如俏十岁、棒女郎，也创造了很多创富神话，团队领袖月赚几十万元、几百万元。但是后来，很多个人代理型微商发展成拉人头、多级分销，实质上跟传销差不多。还有一些代理商大量囤货，没有系统的销售方法，导致货压在自己手里卖不出去，尤其是底层的代理商，经过多层代理的层层盘剥，基本不赚钱。

品牌自营型微商以零售为主，也是近两年较多传统企业进行的尝试。通过第三方平台或者自己开发APP或者通过朋友圈直接销售，比较典型的代表是国美电器和苏宁电器、酒仙网微电商。2015年，国美电器总裁王俊洲正式抛出了国美"全渠道战略"升级为"全零售战略"，以微店为纽带，利用社交平台，以门店10万人为引爆商业模式的种子力量。苏宁也鼓励员工开设个性化微店，以销售苏宁易购的商品为主，下载APP，选定销售商品上架即可转发，商品卖出后能获得佣金。酒仙网则基于酒的品类市场需求量大，且具购率高的特点，发展代理商，微商赚取所属成员的差价和公司返利。

无论哪种微商模式，它的本质都是以人为中心，基于社交、分享形成的新经济模式。这种新的经济模式从初期的鱼龙混杂、一窝蜂，到现在朝着成熟、健康、良性的方向发展。2014年以前，微商的口号是"我们的产品好",只要产品能卖就能打造爆品;到了 2015 年,微商的口号变成了"我发财了,大家快来做",代理模式成为主流,疯狂地发展代理级别,卖产品变成了拉人头;2016 年,微商开始规范化,竞争激烈也开始优胜劣汰,线下会销、宣传导流成为微商的必修课。

从 2016 年到 2017 年年初,微商行业有一个新动向:同仁堂、TCL、百雀羚、苏泊尔、中粮、南极人、蒙牛、韩都衣舍、爱康国宾、博洋家纺……,越来越多的大品牌开始步入微商行列,其中还包括一些百年老字号和知名企业。

种种迹象都预示着,中国微商行业开始摆脱过去零散、无序的生态环境,走向一条"品牌化""正规化""全民化""平台化"的康庄大道。

2017 年对于微商来说,也许真的是元年。

第三节　121 微店,轻创业模式

共享经济时代,每个人都可以成为一个商业中心,人人皆 IP,创业变得简单。个人创业做微商要找到一个可靠的平台。什么是可靠的平台?可靠的平台要具备以下几点:能够提供大品牌的货源,有足够的宣传导流,能够为微商提供信任背书和品质保障,一件代发无须囤货,资金风险小。121 微店就是这

『社群革命』

样一个让个人创业变得简单的轻创业平台。

一、121 微店是谁

121 微店是由奥美地亚传媒投资设立的轻创业平台。

奥美地亚集团成立于 2000 年,已有 18 年历史,18 年来与全国 2000 多家县、市级电视台合作,为海尔、联想、宝洁、苏宁等 100 多个大品牌客户提供服务;同时给 1200 家电视台提供海量电视剧,是中国三四线市场最大的广告商、节目供应商、数据提供商。有奥美地亚传媒出版的县城市场研究白皮书。如图 2-5、图 2-6、图 2-7 所示。

图 2-5　18 年来与奥美地亚传媒集团合作过的品牌

『 第二章　崛起：这是一个"最好"的时代 』

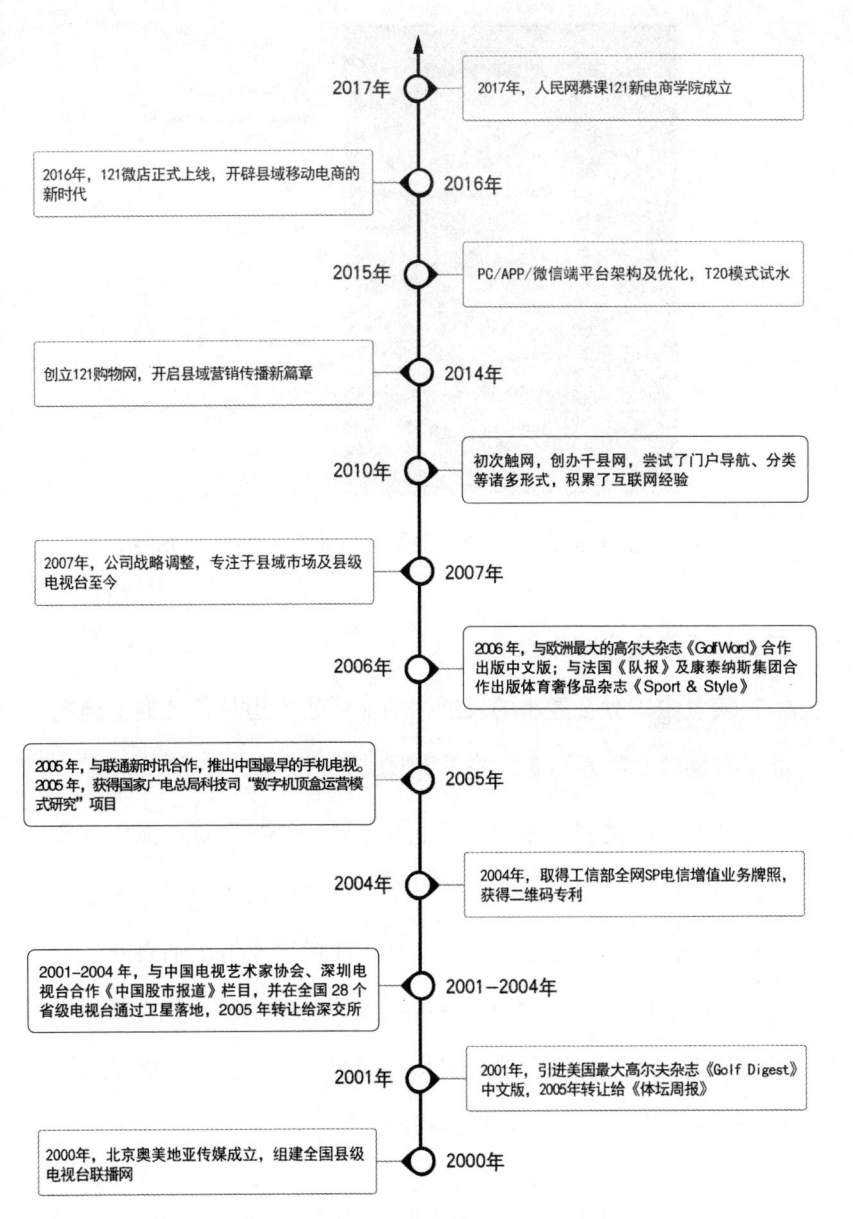

- 2017年：2017年，人民网慕课121新电商学院成立
- 2016年：2016年，121微店正式上线，开辟县域移动电商的新时代
- 2015年：PC/APP/微信端平台架构及优化，T20模式试水
- 2014年：创立121购物网，开启县域营销传播新篇章
- 2010年：初次触网，创办千县网，尝试了门户导航、分类等诸多形式，积累了互联网经验
- 2007年：2007年，公司战略调整，专注于县域市场及县级电视台至今
- 2006年：2006年，与欧洲最大的高尔夫杂志《GolfWord》合作出版中文版；与法国《队报》及康泰纳斯集团合作出版体育奢侈品杂志《Sport & Style》
- 2005年：2005年，与联通新时讯合作，推出中国最早的手机电视。2005年，获得国家广电总局科技司"数字机顶盒运营模式研究"项目
- 2004年：2004年，取得工信部全网SP电信增值业务牌照，获得二维码专利
- 2001—2004年：2001—2004年，与中国电视艺术家协会、深圳电视台合作《中国股市报道》栏目，并在全国28个省级电视台通过卫星落地，2005年转让给深交所
- 2001年：2001年，引进美国最大高尔夫杂志《Golf Digest》中文版，2005年转让给《体坛周报》
- 2000年：2000年，北京奥美地亚传媒成立，组建全国县级电视台联播网

图 2-6　奥美地亚传媒集团 18 年历史

· 33 ·

『社群革命』

图 2-7 奥美地亚传媒出版的县域市场研究白皮书（蓝皮书）

二、121 微店要做什么

随着中国社会经济的发展，商品零售渠道从传统商铺到电商平台到社交零售演变，并逐步形成了三足鼎立之势。

消费者的消费困难也从商品缺乏转向选择困难。淘宝解决了海量商品的问题，核心是"逛"；京东解决了一二线城市物流快递的问题，核心是"快"；而 121 微店要解决消费升级的痛点，核心是"带"。由 121 微店平台从海量商品中优选精品，通过广大的 121 微店合伙人将优选精品带给自己的亲朋好友。121 微店的核心优势，如图 2-8 所示。

图 2-8　121 微店的核心优势

三、121 微店的理念

理念：以人为本，诚实守信

方法论：分享、共享，成就他人，成就自己

态度：先生活，再生意

使命：让创业变得简单

愿景：我为人人，人人为我

1. 以人为本，诚实守信

微商是一个以人为纽带的社群关系，是人与人的关系，是人联网。尊重人、解放人、依靠人、为了人是"以人为本"的核心。移动互联网极大地释放了"人"作为个体对社会的作用，这是一种历史趋势。

微商是建立在人与人的信任关系上的一种新型营销模式。诚实守信是一切商业活动的基础。人无信不立，家无信必衰，国无信必危，只有做到"诚信"二字，才能使我们的事业长盛不衰。

2. 分享、共享，成就他人，成就自己

现在是一个分享经济、共享经济的时代，互联网打破了知识壁垒、信息壁垒，所有的信息都可以共享，我们个人的成就、生活都可以通过分享达到共享。

微商通过分享、共享，将最好的商品服务介绍给他人，帮助他人进步，同时达到自身的进步。

3. 先生活，再生意

赚钱的目的是为了生活，生活的目的并非为了赚钱，这是一个次序问题。微商的社群先是大家有志同道合的价值观、生活理念，才谈得上大家一起做生意。使生意成为生活的一部分、一种生活方式，这是成功的秘密。

4. 让创业变得简单

在分享经济、共享经济时代，你的就是我的，我的也是你的。社会资源可以极优化地配置，工业社会大量因为所有权封闭产生的商业结构开始瓦解了。每一个人都可以轻松获得大机构的资源，可以根据自己的努力获取过去必须大量投资和积累才能获得的社会资源。

121微店提供的平台、大品牌、大媒体的资源和支持，让

每一个人创业变得简单，只需要个人努力，不需要自己构建社会资源，也不需要自己大量投资，就可能成为"创业大咖"。

5. 我为人人，人人为我

在我们现存的环境中要相互帮助，不要以自我利益为中心。别人的劳动和思想果实我能得到分享，我的也能和其他人一起分享，大家是一个互惠互利不可分割的整体。

互相帮助，互助互爱。自己付出的越多，得到的回报也越多。

四、121 微店的模式

121 微店由 2000 家地方电视台和数百家国内外一线大品牌共同运营。集一站式供货、媒体导流、移动营销系统于一体。企业入驻 121 微店，通过社交媒体进行裂变式分销，实现传统销售业务的移动互联网化。个人入驻 121 微店可以做当地电视台的合伙人，免费成为全国大品牌的经销商。

121 微店负责供应链和培训系统，媒体负责宣传推广，微商合伙人负责销售。实现资源共享，各司其职，让创业变得简单，这就是 121 微店的轻创业模式。如图 2-9 所示。

『社群革命』

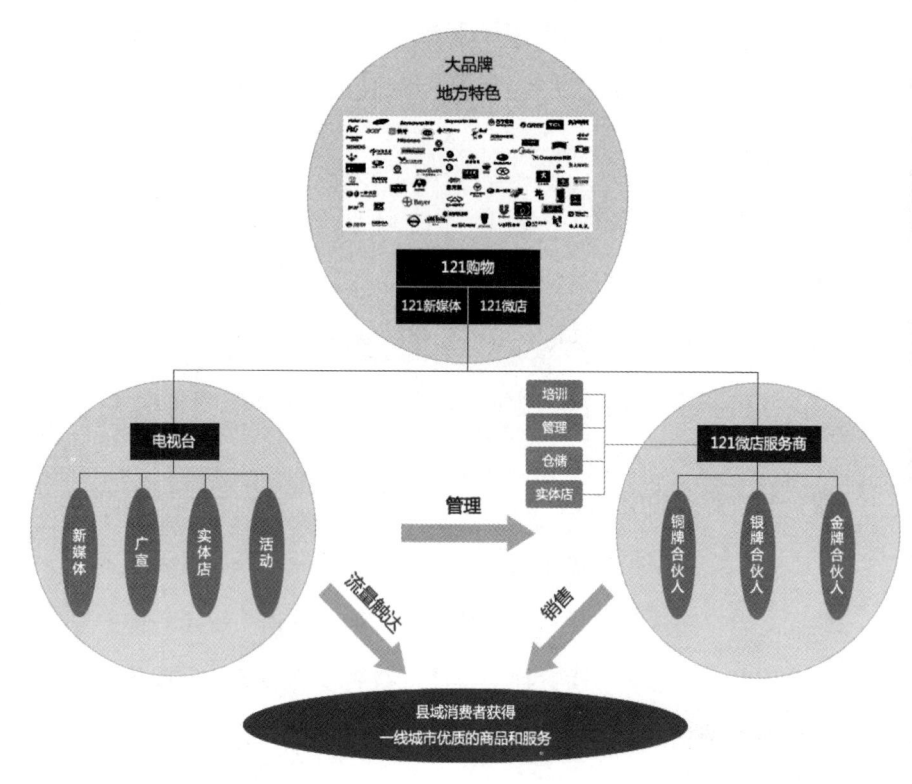

图 2-9 121 微店模式

❋ 121 微店的合伙人

共享经济，没有资源我们给，没有宣传我们做，没有商品和服务我们解决，不会做我们教，你只需要拿起手机做好销售。

免费成为121微店合伙人，分享赚钱，自用省钱；无须压货，无须压钱，动动手指就赚钱。121微店合伙人分配机制，如图2-10所示。

『 第二章　崛起：这是一个"最好"的时代 』

普	铜	银	金	
免费	店铺流水达50元或达到50元（积分）	店铺流水达1000元或达到1000元（积分）	店铺流水达1万元或达到1万元（积分）	店铺流水达20万元或达到20万元（积分）
销售商品可获得商品利润的20%佣金	销售商品可获得商品利润的40%佣金	销售商品可获得商品利润的60%佣金	销售商品可获得商品利润的80%佣金	销售商品可获得商品利润的80%佣金

图 2-10　121 微店合伙人分配机制

❋ **121 微店培训平台：人民网慕课 121 新电商学院**

人民网慕课 121 新电商学院，是 121 微店（奥美地亚传媒集团）和人民网慕课共同推动建立的在线新型电子商务学习学院。人民网慕课 121 新电商学院项目签约仪式，如图 2-11 所示。

图 2-11　人民网慕课 121 新电商学院项目签约仪式
（左：121 微店创始人、人民网慕课 121 新电商学院院长陈尚武。右：人民网舆情监测中心副主任、人民在线总经理董盟君）

『社群革命』

人民网慕课121新电商学院，旨在分享中国最前沿的电商发展模式和经验，探索新形势下社群营销和电子商务发展趋势，给中国最广大的电商业内人士、微电商从业人员、互联网新模式研究者、准备投身于新电商的创业者们一个学习、交流、分享、共享的学习平台。

电子商务正在跨越PC时代，走向移动时代，旧的时代还未远去，新的时代又将成为旧的时代。新型商业模式迭代之快，超出了我们所有历史认知所能到达的预期。传统的学习模式已经不能满足日新月异的发展形势。121微店与人民慕课合作共建的121新电商学院，既有权威性又有实践性，是新时代催生的崭新的实战教学模式。通过在线教学使更多的人能够学习了解最前沿的电商知识、最新的发展趋势及实战经验。

这是一个"最好"的时代，因为社群时代来临，每个人可以轻松获得各种社会资源。移动互联网将个人的价值无限放大，代表个人经济力量的微商群体开始崛起，移动互联网为每个普通人提供了一个改变命运的机会。

第三章

每个人都可能是一个大IP

『 第三章　每个人都可能是一个大 IP 』

这是一个赢家通吃的时代，这是一个普通人胜利的时代。

第一节　这是赢家通吃的时代

互联网形成的社群革命，打破了原有的商业结构，迭代的速度是惊人的，旧的时代尚未远去，新的时代已经成为旧的时代，移动互联网时代来临了。

人们从地面走向电脑，又从电脑走向手机，未来的商业只有两个走向：平台和个人。

未来的趋势是赢家通吃，资源越来越集中于少数平台。电商越来越集中于淘宝、京东；打车软件激烈的竞争之战，滴滴合并了优步；团购网站只剩下美团、大众；58同城、赶集合并；百合、世纪佳缘合并。最近在北京、上海激烈竞争的小黄车、小蓝车、小红车也必然经历兼并的赢家通吃的过程。

互联网"老大"们拥有足够的资本和资源，横向扩张，投资并购成为主流，行业老二和老三合并抱团取暖也已经成为了行业潮流，2016年以来，表现愈加强烈。2016年1月，美丽说、蘑菇街宣布合并。5月份，光线传媒拿下猫眼电影，以57%的股权成为控股股东，这是电影产业上下游之间的并购。6月21日，京东宣布收购1号店；同一天，腾讯收购全球最有实力的手游厂商supercell。

『社群革命』

要么领先,要么灭亡,互联网的马太效应尤其突出。

另一些靠着"互联网+"的春风兴起的互联网创业公司,历经风风火火的A轮,战战兢兢的B轮,以及步履蹒跚的C轮,随着资本泡沫的消失,开始走上了"死亡"之路。2016年互联网公司"死亡"名单,如表3-1所示。

表3-1 2016年互联网公司"死亡"名单

类别	公司名称	成立日期	轮次	"死亡"时间
电子商务	蜜淘网	2014.9	B轮	2016.1
	神盾快运	2014.8	A轮	2016.1
	最鲜到	2015.2	A轮	2016.2
	美味七七	2011.2	A轮	2016.4
	果食帮	2014.6	天使轮	2014.6
	壹吉购	2015.2	A轮	2016.6
	神奇百货	2016.1	A轮	2016.7
	青年菜君	2014.1	B轮	2016.8
	荷花亲子	2.14.10	并购	2016.8
旅游	淘在路上	2012.1	C轮	2016.6
	优客旅游	2014.3	-	2016.9
医疗健康	药给力	2014.10	A轮	2016.5
物流	笨鸟海淘	2014.1	A轮	2016.8

· 44 ·

续表

类别	公司名称	成立日期	轮次	"死亡"时间
汽车交通	平安好车	2013.3	-	2016.2
	博湃养车	2014.11	B轮	2016.4
	车易拍	2010.1	A轮	2016.2
	骑遇	2011.2	A轮	2016.4
	米线用车	2014.6	天使轮	2014.6
	车风网	2015.2	A轮	2016.6
本地生活	一起唱	2012.12	C轮	2016.2
	小e管饭	2015.1	-	2016.3
	大师之味	2015.4	天使轮	2016.4
	爱私厨	2015.2	天使轮	2016.5
	壹桌网	2015.4	A轮	2016.9

数据来源：企业头条。编选：中国电子商务研究中心。

第二节 这是普通人胜利的时代

这是一个赢家通吃的时代，而另一个方面，我们看到普通人胜利的时代来临，每个人都有可能成为大IP。

IP地址原指因特网上每一台计算机都绑定一个唯一地址，这个地址就叫IP地址。2015年开始，IP在中国被人格化了，2015年也被称为IP元年。这时候的IP，是Intellectual Property的简称，普遍翻译为知识产权，或者知识财产。到目前为止，

IP仍没有一个明确的公认的定义。

《百年孤独》里也有一句名言："世界新生伊始，许多事物还没有名字，提到的时候尚需用手指指点点。"虽然没有人说得清楚，但是人人都知道它是什么。我们认为，IP就是人格化的互联网形象，只要你产生内容，有人去看，就是一个IP，在互联网上每个人都是一个IP。

移动互联网时代，信息变得非常透明，资源可以随时共享，普通人和成功人之间可能差的就是选择和努力。这是一个"最好"的时代，机会唾手可得，才华可以尽情施展，创业变得无比简单，这让我们看到普通人胜利的时代已经来临。

马某，2012年6月毕业于中国传媒大学。毕业当天在学校附近开了一家创意情趣用品店，并且利用微博进行宣传，首次用健康阳光的形象诠释了原本晦涩隐秘的行业，一度成为媒体关注的焦点。她长期在微博微信上进行性教育答疑，写过搭讪大法，以魅力女性形象出现但深谙普通人心理，灵动活泼，亲和有趣，在互联网上拥有大批忠实"粉丝"。2013年年初成立了自己的互联网公司，同时上线了泡否商城。"90后"女孩马某的成功是这个时代普通人胜利的一个缩影。

"山药哥"是一个26岁的农村大学生，毕业后放弃高薪职业回到家乡种植山药，备受乡邻质疑。他精心研究网络营销模式，在新浪微博上声名鹊起，被大家亲切地称为"山药哥"，他带领全家开起了山药网店，做得有声有色。

移动互联网除了催生了网络名人，实现了草根逆袭之外，还改变了另一类普通人的命运，那就是微商。近年，微商的高速发展所催生的微商群体，使很多宝妈、学生、自由职业者改变了自己原先的角色，成为现代社群营销的积极参与者，并成为人生赢家。

宅男心目中的魅力女性张女士就是这个时代抓住微商创业机会，掘取人生第一桶金的典型。还在上学的她利用课余时间开始做一名小代理，刚开始只是做面膜的代理，只要有时间能看手机，她就会耐心地对待每一位顾客，回答她们的问题，就这样，她积累起来了客源，微商做得越来越好。在忙碌的同时她开始想办法培养自己的忠实用户群，用一些段子、搞笑的视频，还有自嘲的方式，使越来越多的客户喜欢她的率真，在快手直播上已经是一个拥有上百万"粉丝"的微商"大佬"。随着微商"事业"的不断壮大，张女士创建了自己的品牌。该品牌气垫CC上市几个月以来刷新了微商品牌销量新高，成功引领了微商界的气垫风潮。

某微商品牌的创始人李女士也曾是一个普通宝妈，为了分担家庭经济负担开始微商创业。短短两年时间里，通过个人和团队的努力，业务渠道覆盖全国各个区域，在全国拥有13万多个代理商，6个签约工厂，获得第二届世界微商大会美妆第一名。

『社群革命』

这让我们相信这个时代是最容易接近成功的时代，只要我们愿意付出和分享，每个普通人都会成功。如图 3-1、图 3-2 所示。

图 3-1　张女士参加"美丽俏佳人"栏目

图 3-2　《微商领袖》栏目采访李女士

除了微商创业者本身，微商行业也催生了一批微商网络名人、群主，作为意见领袖买手模式的代表，将符合流行趋势且迎合"粉丝"喜好的产品推荐给消费者，成为社群营销的领袖。

据某女性团里的一位微商网络名人小芙介绍，她在微博上有将近 20 万的"粉丝"，虽然对于一些"大 V"来说只是一个零头，但是就这点零头让她成为了该品牌 2015 年的销售王牌。

不同于我们想象的微商网络名人就是把自己产品的广告简单植入到微博照片中，小芙介绍道："我们这种小网络名人有很强的草根属性，因为我们不是明星，也不像一些专业的模特对时尚、护肤、美妆有极强的敏感度，但是要做一个好的微商网络名人一定要会社交、会运营'粉丝'。"在小芙的微博下面，经常能看到小芙和"粉丝"进行温暖的互动，每当产品上新的时候,她都会用比较巧妙的心思投放至网络,"粉丝"如果想看更多的照片或者她个人的美妆护肤心得,就可以关注她不定期推送心得的私人微信号。有时候对于一些产品小芙还会进行饥饿营销,使产品在上线之后很快被一扫而光。

微商网络名人的成长路径几乎如出一辙,高颜值或有特色的微商、店主在社交平台上先凝聚大批量的"粉丝",然后将"粉丝"对她们的关注和喜爱转化为购买力。

来自某微商团队的小希,每次吃饭之前都要精心打扮一番后自拍,然后将自己的照片美化一下,立即上传到朋友圈、空间和微博上。谈到怎样利用自己的网络名人身份卖货时,她说:"其实网络名人和微商还是有区别的,之前我也是埋头做微商,每天在朋友圈里发一些产品信息,最后,以前那些有点来往的朋友全把我屏蔽了。后来我参加了一个培训班才知道,每一张图片都应该是有目的性的。于是我将以往的强制广告刷屏转换成了无形营销,月收入从几千元变到现在的上万元,也不用像以前那么无限制地转发广告了。"

说到普通人的胜利,不得不提的是微商群主。2017年春晚,《真情永驻》的小品中有一句台词风靡大江南北:"她管着好几个CEO,几十个老板,几百个白领,她是?群主!"每一个群主都是意见领袖,都是IP,都对群里的人有影响力,群主也成为微商社群营销的关键。

网络名人、微商、微商网络名人、群主的崛起，也很好地说明了移动互联网时代，商业开始回归到以人为中心和以 IP 为中心的流量塑造、流量创造、流量变现、流量升级上面，未来，所有人都是渠道。

这是一个普通人胜利的时代，每个人只要有一部手机，爱分享，愿意付出，都可以成为一个大 IP。生活在三四线城市里一个文化水平不高的普通人，跟一线城市的成功人士享受的资源和信息是相同的，这是一个普通人胜利的时代，我们只要拥抱趋势、接受挑战，草根逆袭不是梦。

第四章

从"小白"到"大佬",微商九段升级法

第四章 从"小白"到"大佬",微商九段升级法

掌握新社群密码,赢得你的财富人生。

社群革命最大的红利就是微商了,微商从 2012 年发展到今天,已经有超过 3000 万从业人群,积累了丰富的经验。本书采访了近千名各个阶段的微商从业者,总结了微商的进阶法则。本章为初步了解,后续将在新的教材中详细解读。

首先,我们对微商的不同阶段进行一个级别定义,如表 4-1 所示。

表 4-1 微商不同阶段级别定义

段位	月收入(元)	微商级别
一段	1000 ~ 2000	入门微商
二段	2000 ~ 3500	专职微商
三段	3500 ~ 5000	专职微商
四段	5000 ~ 8000	专职微商
五段	8000 ~ 20000	专职微商
六段	20000 ~ 30000	团队微商
七段	30000 ~ 100000	团队微商
八段	100000 ~ 300000	微商"大佬"
九段	300000 以上	微商"大佬"

『社群革命』

第一节　微商初段入门

这是一个微商入门必须了解的基本方法,掌握之后就可以利用自己的朋友圈为自己赚取零花钱。微商初段入门,你需要掌握的是玩转朋友圈,开个自己的微店,学会选品。

一、玩转朋友圈

朋友圈不仅仅是个人"存在感"的阵地,同时也是团队品牌(小众化)打造的主战场,更是个人品牌(个人化)的核心战场,朋友圈从此进入有技术含量的品牌时代。每个微商都成为所使用与代理产品的品牌,由此品牌变得"小众化、个人化"。打造成功的朋友圈,个人品牌也就显得至关重要。

❀ **如何打造朋友圈的个人品牌**

做微商的总要去主动加人,发展客户,别人在收到好友申请之后第一眼看到的就是昵称和头像。这个第一眼看到的,我们称之为"第一印象"。在现实交往中,碰到一个陌生人,还没说话,我们往往会先根据自己的第一印象来判断对方是一个什么样的人。

一个微信号的昵称和头像,就是人们打开你的朋友圈的第一印象。印象一旦形成，要扭转局面会花很长时间。这就是为什么发同样的内容，有人受人喜欢、有人让人反感的原因，第一印象往往起了很大作用。

所以，打造朋友圈的个人品牌，第一步先从昵称和头像开始。一个好的昵称和头像，会在第一时间抢占别人的眼球，获得别人的好印象。

对于微商而言，昵称相当于店铺的名称。想象在现实中注册一个店铺，不能太复杂，也不能泯没于大众。两个字简单好记，三个字朗朗上口，四至七个字略显文艺、含蓄，有意境。要注意，五个字以上的，最好是"形容词+名词"的组合，既好理解又有延伸性。微商的昵称和头像，如图4-1所示。

图4-1 微商的昵称和头像

头像的选择需要遵循以下两点：第一是真实，一看到头像就觉得放心、可靠、安全；第二是有价值，一看到头像就觉得给人某种承诺。头像最不易出错的选择还是自己的照片，做母婴微商的也可以选择自己宝宝的照片。朋友圈头像示范，如图4-2所示。

〈真实头像

宝宝头像〉

图4-2　朋友圈头像示范

需要注意的是，不管你样貌如何，都最好把照片用图像处理软件修饰一下，精致的脸面是与人接触的一种尊重，也能让人一眼看上去放心可靠。要知道，人类对同类相貌的识别度还是很高的。

打造朋友圈个人品牌的第二步，就是要选择有吸引力的背景图。背景图选择也有两条标准：首先是价值放大效应，把个人的价值展示在背景图上；其次是第一光环效应，选择做到极致（第一）的领域重点展示，不要面面俱到。朋友圈背景图，如图4-3所示。

有了昵称、头像、背景图等"硬件"基础，接下来就是如何为朋友圈的个人品牌增加软实力。

图 4–3　朋友圈背景图

如何打造朋友圈的内容

微商做朋友圈营销能够最快获取用户信任的方法就是“互动”，朋友圈就是互动的主战场。如果一个微商只知道发图片、发广告，没日没夜地刷屏，那么离被别人屏蔽也就不远了。

整天刷朋友圈发广告，说白了就是在消耗你“加粉”时在人家那里积累的信任值。每发一次广告，就消耗一次你在别人那里积累的信任值，当信任值消耗完了，你也就被删除了。

该如何打造一个受欢迎的朋友圈呢？关键词就是“参与感”。要出现在用户的生活当中，让他们慢慢熟悉你，接受你所做的一切，从而获取他们的信任。

第一，先经营人品，再经营产品，人品塑造形象。要用 80% 的时间来经营人品，然后用 20% 的时间来经营产品。在朋友圈树立积极向上的生活形象，如图 4–4 所示。

图 4-4　在朋友圈树立积极向上的生活形象

第二，内容要有连续性，像连续剧一样引人入胜。为客户清晰展现逻辑线，从客户角度出发。内容连贯，逻辑清晰，引人入胜。

第三，多讲故事，少讲道理。首先，故事要有一个对比强烈的主题，引起情绪上的共鸣；其次，故事要有细节，有细节才真实，要使用真实的截图；最后，要让人从故事中找到自己的影子，激发参与的动力。

第四，了解每一个产品，专业创造信任。微商，本质上卖的是服务，而不完全是产品，服务是需要花时间与精力才能做好的事。信任积累需要时间，专业积累也需要时间，客户群体的服务积累也需要时间，只有足够了解一个产品，才能给客户提供真正优质的服务。

第五，TCC发圈法，基于客户实际安排内容。在正确的时间（time），针对目标用户（consumer），发正确的内容（content），我们称之为TCC发圈法。

7:00—9:00，早安时段，此时人们都在上班路上刷朋友圈，适于发今日计划以及励志温馨的内容。

12:10—14:00，午休时段，此时人们一般在吃午饭时刷朋友圈，适于发有关上午工作或产品的内容。

18:00—20:00，晚饭时段，此时人们一般在晚饭后刷朋友圈，适于发一天结束之后个人的收获。

20:00—24:00，黄金时间，是人们玩微信的最高峰，也是人们最放松的时候，也是交易成功率的高峰，可以多发与产品、创业相关的内容。睡前发一条总结语句，结束美好的一天。

第六，学会借势借力。借助品牌的力量，借助公司的力量，借助平台的实力，通过所处的优秀环境说明个人的实力，通过身边优秀的人说明个人的价值。在朋友圈说明自己价值的最好方式就是借力，借助你身边的一切资源说明你的价值，把他人的价值转化成为自己的价值，不要放弃任何一个可以借力的机会和资源，如图4-5所示。

图 4-5　人民网慕课 121 新电商学院成立彰显团队实力

第七，客户至上，朋友圈是服务客户的主战场。第一步，就是成为这款产品的"骨灰级"消费者，或者叫你推荐产品的"极客"。第二步，让自己成为产品使用方面的专家，让自己成为产品的代言人，并赋予产品灵魂。让自己成为产品体验专家，如图 4-6 所示。

图 4-6　让自己成为产品体验专家

✤ 实现朋友圈成交的 10 个技巧

吸引"粉丝"的最终目的都是为了成交，成交同样也离不开技巧的激发，想要获得高成交量，需要掌握以下 10 个技巧。

1. 设计话题

成交＝流量 × 转化，要实现成交的结果，首先要解决流量。这里的流量指的是参与进来的人。传统微商采用直接刷屏的方式推销，是和微信的社交属性相违背的，所以最好的办法是先设计一个话题，预设亮点，引起兴趣。

例如，在秋冬季的时候，可以发一条朋友圈，设计一个话题"秋冬季皮肤补水为什么会过敏？"来吸引注重皮肤保养的女性的注意力，引起她们的关注。

2. 引出讨论

有了话题后，一定要发动尽可能多的人参与到讨论中，只有参与进来，才有可能成交。

如何才能吸引更多的人参与呢？

这就需要我们能提前设计好 3 ~ 5 条讨论的内容，按照上面的方法来引导更多的好友参与，并向我们需要的方向引导。

例如，"秋冬季皮肤补水为什么会过敏"这个话题，我们要针对的不是过敏的客户，因为过敏的人群毕竟数量有限，而且他们还不是我们的潜在客户。我们需要借助"过敏"这个话题来吸引那些希望补水又怕过敏的群体,他们才是我们要的精准的潜在客户,所以在引出讨论的时候需要引导大家往"如何防止皮肤过敏"的方向讨论,而不是"过敏后怎么办"的方向。

3. 提出问题

漫无边际的讨论得出的结果使我们很难控制,大家的讨论可能很难谈到重点上,所以这个时候需要自己能够提出一些问题。

在达成销售之前一定要先解决客户的疑问,这些疑问就是客户购买产品时经常会碰到的问题,之所以提出来是为了后面能够解决。

例如,在上一条朋友圈的评论中回复:"有小伙伴说121微店有一款XX补水面膜很好,有人用过吗?效果怎么样?会过敏吗?"

4. 解决问题

有了上面提出的问题,就可以来解决问题了。只要这个问题解决得好,就会影响到很多围观的人,即使他们没有购买计划,由于之前一系列的铺垫,也激活了他们的需求。

这个回答可以是微商本人来回答,也可以是使用过产品的用户反馈来回答。

例如,有小伙伴说:"我刚买了一套,用了几天了,挺好的……产品使用真实的感受……以前不了解，朋友推荐的，现在我才知道121微店里的产品真的不错。"

5. 持续互动

在这个环节中，一定会有很多微信朋友把真实的想法和问题提出来，这时就需要微商能够一一回答，持续互动。

如果能够通过群发引导更多的人加入到这个话题中来，那么接下来的成交结果就会更好。

例如，群发一条消息："各位美丽的好友，今天朋友圈无意发了一条'秋冬季补水过敏'的话题，没想到反响热烈，这么多人参与。你想知道他们都是怎么说的吗？赶紧加入进来，也说说你的看法吧！"

6. 成交引导

有了前面的铺垫后，销售就可以做到水到渠成。但是"水"还是需要"渠"的，这个时候就需要我们设计一些小活动来促进成交。

例如，"有小伙伴问XX面膜是多少钱？官方价是……如果大家喜欢，可以一起团购，会更加优惠。"

7. 再次结案

销售是需要不断激发的。在第一轮的销售后，可以把讨论的过程、正面的评论、购买的记录等截图出来，做一次客户见证，从而再做一次结案。

例如,"今天一个客户问起秋冬补水为什么会过敏,我就在朋友圈分享了一下,没想到有这么多人对这个问题都不是很了解,更没想到大家这么喜欢这款补水的产品,感谢大家的参与,感谢大家的支持,今天所有参与的小伙伴都可以留下你们的地址,我将给你们寄个小礼物表示感谢喔。"

8. 饥饿营销

消费者的习惯都是"买涨不买跌",所以做微商一定要运用好"饥饿营销"这个方法,给客户营造出"断货了"的恐慌感,激发冲动消费。饥饿营销,如图4-7所示。

例如,"实在抱歉,为了感谢大家的参与临时决定买一送一,没想到这么多人要参与,因为剩下的货不多了,活动只能提前结束,再提供三份就结束买一送一的活动,请各位小伙伴理解喔。"

图 4-7 饥饿营销

9. 提醒营销

在微信里有过购物经历的小伙伴一定都遇到过这样的情况:刷朋友圈的时候看到比较喜欢的产品,当时也问了价格,决定购买了,但是因为临时的事情最后没有支付,一忙就忘记了，过了几天想起来再要去找的时候忘记了是谁发的。

当我们在卖东西的时候就需要换位思考，客户没有买很可能不是因为他不想买，而是找不到卖产品的人了，所以适当的提醒就变得非常重要。

在产品的朋友圈下面发提醒的好处还有，让所有参与点赞和留言的好友都收到提醒，这就对暂时没有购买计划的用户造成了潜在影响，不断地强化这部分人的购买欲望。

提醒的时间规律为：1天、2天、3天、7天、10天、15天、21天。

提醒可以分为几个方面的内容：

（1）服务内容的提醒。例如，"快递已经发出，需要单号的可以私下微信给我。"

（2）新产品的提醒。例如，"我的店铺又上新产品了，需要的可以点击链接。"

（3）活动提醒。例如，"感谢大家的参与，这几天有50多位美女买了这个套装，为表示感谢晚上我在朋友圈做一个活动，进行1套1元抢购，8:00准时开始，欢迎大家关注。"

10. 服务营销

只有好的服务才能提升产品的附加值。微商做的是价值而不是价格，淘宝做的是价格和流量，微商做的是关系和价值。所以微商要把精力更多地放在服务上，服务不仅是做给已经购买的老客户看，也是做给没有购买的潜在客户看的。

其实真正会被服务冲击到的是那些并没有购买的客户，这部分人见识到细致用心的微商服务后，购买欲望会被激活。在你介绍产品的使用方法和技巧的时候，也就间接地把服务价值塑造起来了，之前没来得及转化的客户会被二次转化。

服务营销的内容一般都是发产品说明、使用方法、注意事项等。

例如，"温馨提醒：收到面膜的小伙伴，请你们不要每天使用面膜，一般3天敷一次最合适喔。"

❈ 提升朋友圈的吸引力

微商最需要的不仅仅是买东西的人，更喜欢的是回头客，在保证稳定的销量的同时也能拉来新客户。想要进一步维持朋友圈的吸引力，真正留住客户，还需要牢记以下六点。

1. 体现独特个性

朋友圈发出的每一张图片都需要认真挑选，每一段文字都需要用心编辑。无论是原创还是转发，内容中都要体现出个人的特色。即便是转发的文案，其中也要包含自己的思想、自己的内容，用自己的话语编辑过后再转发。个性化，让朋友圈有灵魂。

2. 专注把事情讲清楚

一个人的精力是有限的,把精力分散在好几件事情上,不仅是不明智的选择,而且是不切实际的考虑。一天只讲一件事,专注把这件事讲清楚、讲透彻。每个阶段确立一个目标,在没有达到既定的目标之前,绝不轻言放弃。做微商的人只有足够专注,才能吸引到足够忠实的客户。专注把事情讲清楚,如图4-8所示。

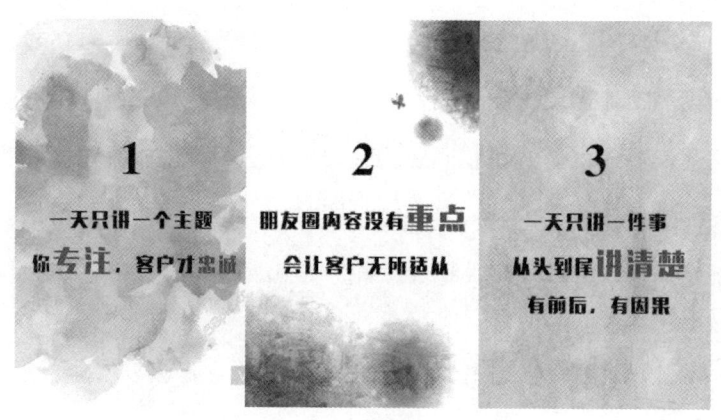

图 4-8 专注把事情讲清楚

3. 善于总结结论

手机是一个快速阅读的平台,快速阅读的特点就是结论先行。结论先行是一种自上而下的表达,就是先提出总结性思想,再提出被总结的具体思想。结论先行才能保证快速阅读,给客户带来更好的阅读体验。总结先行要点,如图4-9所示。

图 4-9　总结先行要点

4. 定时清理朋友圈

朋友圈是朋友之间的交流，即时性非常重要。有时在活动中因为交流需要，会接连发若干条朋友圈，但时过境迁再回看这些内容，就会发现它们缺乏阅读价值。每隔一段时间清理朋友圈中不必要的内容，定时删除即时性内容，使朋友圈留下的都是精华。定时清理朋友圈，如图 4-10 所示。

图 4-10　定时清理朋友圈

5. 重要的内容重复发

想让内容被更多的人看到,第一可以重复发,重要的或有用的内容,重复发才会显示出其重要性。第二可以编号,内容有连续性的朋友圈编号发,除了显得更有条理外,编号也会提醒阅读者他获得的信息并不完整,从而激发对方去看你朋友圈的兴趣。重复的内容重复发,如图4-11所示。

图4-11 重要的内容重复发

6. 让人了解真实的你

当人们关注你的时候,是希望能够看到你本人的成长和变化,如果你的朋友圈里看不到你的身影,人们对你就不能形成记忆的认知。朋友圈是交朋友的地方,不能只是个空洞的刷屏机器,要学会多留下自己的身影和痕迹,让人了解真实的你,如图4-12所示。

图 4-12 让人了解真实的你

朋友圈就是"个人品牌":每个人都能够通过朋友圈来认识你是谁,你是否值得信任,你是什么样的人,你有怎样的爱好。在这里,人生就如同一本书,这本书名叫"朋友圈",里面呈现的一切记录都会成为个人的品牌。

商业社会其实很美好。第一是有大量的人利他,只要商业发达的地方,就会有大量的人为你服务;第二是丰厚的回报,利他的目的最终是获得回报,而且是有明确交易的回报,为他人做得越好,获得的回报越多。尽管目前淘宝、京东作为两大电商巨头的地位无法撼动,然而随着消费升级时代的到来以及零售渠道的变化,电商行业朝着品牌化、个性化和社交化的方向演进,这无疑给了朋友圈创业者成长的空间。

二、在121微店开家自己的小店

开店第一步就是要找一个可靠的平台，121微店有上百家大品牌提供货源，2000家电视台提供宣传，还有人民网慕课121新电商学院进行培训，本着"人人为我，我为人人"的原则，帮助大家简单创业。121微店开店操作流程，如图4-13所示。

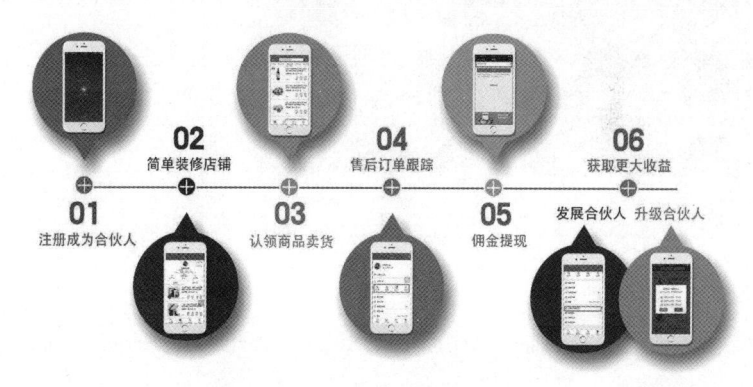

图4-13　121微店开店操作流程

在121微店平台上只需注册登录就可以免费拥有自己的小店。

首先就是下载安装121微店APP，可以通过扫描二维码直接下载，也可以在应用商店里搜索"121微店"下载。

1. 注册成为合伙人

方法一：微信一键登录步骤，如图4-14所示。

简单、方便，适用于手机号码与微信号绑定过的用户。

图 4-14　微信一键登录步骤

方法二：手机号码注册登录步骤，如图 4-15 所示。

· 72 ·

图 4-15 手机号码注册登录步骤

2. 简单装修店铺

注册好自己的 121 微店之后，我们可以对店铺进行简单的装修，建议设置成自己独特的风格，让别人一眼认出是你的店铺。店铺装修步骤，如图 4-16 所示。

图 4-16 店铺装修步骤

3. 认领商品卖货

店铺装修之后，就可以根据需要认领商品，分享销售了。首先是要认领商品，121微店是平台，平台上有种类不同的产品，挑选适合自己的产品至小店是分享商品的第一步。认领商品步骤，如图4-17所示。

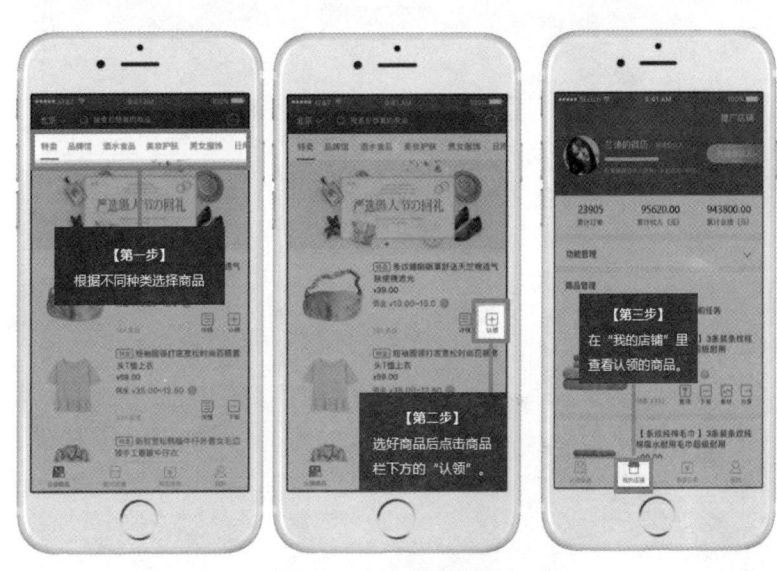

图 4-17　认领商品步骤

领好了商品，就可以将商品分享到朋友圈，或者推荐给朋友购买，商品分享有多种样式：分享素材、分享商品、分享链接、分享二维码。分享素材就是分享九张商品图片、文案和购买链接。分享素材操作流程，如图4-18所示。

『社群革命』

图 4-18 分享素材操作流程

不同的分享方式使用场景不一样。分享素材是分享商品的图片和文案,能够让客户更直观地感受到产品详情。分享商品是分享商品详情的链接。分享链接是商品的购买链接。分享二维码是商品图片含购买二维码,用户可长按二维码识别购买。

商品分享至朋友圈后,每个人会有一个自己微店的商品购买链接,有人下单达成交易后,121微店平台会自动返佣金给个人店铺。客户可以通过商品链接自行购买,你也可以帮助客户代下单。

4. 售后订单跟踪

有了订单之后我们可以通过后台跟踪订单物流情况。订单信息包含三个方面:个人订单、店铺订单、团队订单。我们以个人订单进行操作示范。个人订单跟踪步骤,如图4-19所示。

图4-19 个人订单跟踪步骤

个人订单是店主自己在 121 微店平台购买或帮助别人代下单的订单,有售后服务信息、如物流信息、退订货物、换购产品等。

店铺订单是客户本人通过店主分享的商品链接、店铺链接购买产生的订单。售后有货物是否送达、签收以及用户体验反馈等。

团队订单是店主发展的合伙人卖出的产品订单,能够看到每笔订单中的返佣。

5. 佣金提现

交易成功订单确认收货后,佣金会在 15 个工作日内到达你的账户,赚取佣金之后关注"121 微店"微信公众号提取现金。佣金提现至微信钱包。佣金提现操作步骤,如图 4-20 所示。

『 第四章　从"小白"到"大佬"，微商九段升级法 』

图 4-20　佣金提现操作步骤

6. 获取更大收益

方法一：发展合伙人是赚取更多佣金收益的关键。

因为我们自己的朋友圈人数是有限的，发展更多的人成为自己的合伙人，这样就可以在别人卖货的同时也享受返佣。发展的合伙人越多，就会有更多的合伙人来帮你卖货，你获得的收益就会更多。注意：121微店采用二级分佣机制，三级无效。

通过分享APP的方式发展合伙人，其操作步骤如图4-21所示。

图4-21　分享APP的方式发展合伙人的操作步骤

『第四章　从"小白"到"大佬"，微商九段升级法』

除了通过分享 APP 的方式发展合伙人，还可以直接让合伙人输入邀请者的手机号进行绑定，其步骤如图 4-22 所示。

图 4-22　手机号码绑定的方式发展合伙人的操作步骤

方法二：升级合伙人，赚取更多的佣金。

121 微店一共有五种级别的合伙人：白金、金牌、银牌、铜牌和普通会员合伙人。白金合伙人每件商品拿的佣金是最高的，会员最低，不同合伙人对店铺的流水要求也不同。每个人在一开始注册成为店主的时候都是会员合伙人，店铺及团队年流水达到50元就可升级为铜牌，年流水达1000元可升级为银牌，1万元可升为金牌，20万元可升为白金。店铺流水达到一定量后系统会自动升级。121 微店合伙人升级资格，如图 4-23 所示。

| 免费 | 店铺流水达50元或达到50元(积分) | 店铺流水达1000元或达到1000元(积分) | 店铺流水达1万元或达到1万元(积分) | 店铺流水达20万元或达到20万元(积分) |

图 4-23　121 微店合伙人升级资格

开一家自己的小店，是创业的第一步。121 微店平台为大家提供了便利的创业渠道，不仅规避了许多线下开店遇到的风险和困难，同样也开创了线上开店完全免费的先河，完善的佣金制度为每一个拥有开店梦想的人提供新的置业方式。

三、以"用户思维"选择产品

微商不同于传统电商，传统电商直接面对消费者，消费者登录平台搜索关键词就可以获取自己想要的产品，微商以朋友圈、微信群为阵地，需要自己筛选想要售卖的商品，更加主动地去迎合消费者。

不仅如此，微商目标消费者一定是与自己有切实关系的熟人，所以微商选择产品不仅仅要满足朋友圈中的一般消费者，更要根据朋友圈中主要消费者的特点去选择适合他们的产品。那么作为一款基础的微商产品要具备哪些基因呢？

1. 普及人群多的产品

普及人群多的产品如日用品、食品等，这些产品属于微商基本品，每个人的日常生活都要用到，需求范围广，接受度高；而像两轮电动平衡车这样的产品，普及人群少的产品，可以偶尔卖卖，不能长期去推广，如图4-24、图4-25所示。

图4-24 普及人群多的食品　　图4-25 普及人群少的产品

2. 服务附加值高，符合消费升级的需求

微商的特点就是强关系、强服务。微商产品不能刚好解决消费者的直接需求，还应当具备一些附加值，如品牌带来的社会地位等。此类产品一般具有能够带给人心理暗示的效果，如

美丽、健康、安全等，同时也更符合人们更高的消费需求。

我们来看一个健康产品盐包。很多人都有颈椎病、关节痛等疾病，相关的产品则备受青睐。海盐热敷在中国已经有上千年的历史了，但是传统的方法是热锅炒。121微店的这款产品是第四代海盐产品，电热板加热防水，不仅安全而且携带方便，这就是一款非常好的爆品。

红酒也是典型的消费升级产品。121微店的红酒都是从上海保税仓库直接送到消费者手里的，不仅价格便宜更重要的是你能喝上真正的法国红酒。

以上这些都是符合现代人的消费升级。

3. 复购率高

微商的好友数量是有限的，这决定了微商的盈利点是靠复购，而不是靠人口红利，所以重复消费强、复购周期短的产品更适合微商创业者。像家电、家具这样一两年不会轻易更换的产品就不太适合微商，此类商品运费成本高、复购率低，但如面膜、纸巾之类的产品，产品的试用周期短，复购需求明显，因此作为微商产品更为合适。复购率高的产品，如图4-26所示。

『 第四章 从"小白"到"大佬",微商九段升级法 』

图 4-26 复购率高的产品

就拿给小朋友使用的喂药器和纸尿裤来说,虽然宝妈都需要这两样产品,但是更适合成为微商产品的是纸尿裤而非喂药器,尤其是微商爆品。为什么呢?原因很简单,纸尿裤的复购率要远高于喂药器。纸尿裤是消耗品,消费者买了以后还会再买,但是喂药器却不是,基本上买过一次就不会再买了。这就是微商为什么要选择高复购率产品的理由。宝妈复购率高的纸尿裤,如图 4-27 所示。

图 4-27 宝妈复购率高的纸尿裤

4. 毛利润高

微商的目的是为了赚钱，只有高毛利的产品才能让微商有足够的动力去做推广销售。伴随我国居民消费升级的趋势，微商的产品要满足消费升级的需求，做到优质精品，而且通过微商购买产品的人群对价格的敏感度较低，更多追求的是较高的生活品质，所以微商产品一定要有高毛利。

121微店推荐的爆品一般毛利润比较高，标品一般更适合白领。

比如德国黑科技产品——睡博士，是一款高新技术产品。这种毛利润超过30%的产品，就适合推广。高毛利科技产品，如图4-28所示。

图4-28 高毛利科技产品

创维电视的毛利率不是很高，就属于标准化产品。适合自用的标准化产品,如图4-29所示。

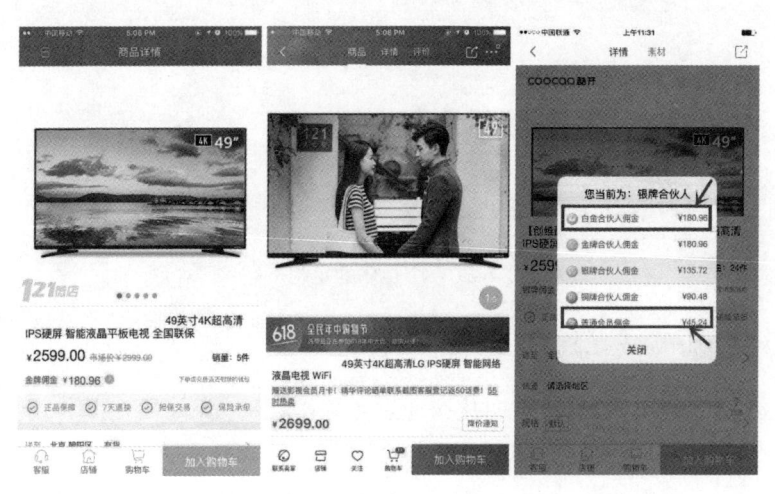

图4-29 适合自用的标准化产品

同类型号产品我们跟某电商平台相比,价格本来就便宜,再算上平台返的佣金,金牌合伙人可以拿到更高,算下来要便宜近几百元,如果自己有需求,也更适合自购。

5. 个性化定制产品

微商更多的是提供一对一的服务,而不是批量的信息处理,所以个性化定制的产品天然符合微商业态。此类产品一般多偏向一些创意产品,年轻化的群体追捧较多,如定制版的水杯、定制版剃须刀等。个性化的定制产品,如图4-30所示。

『社群革命』

图 4-30　个性化的定制产品

6. 稀缺资源

互联网让信息透明化，通过互联网没有找不到的信息、没有买不到的东西，而仅限于某个地方才能生产的商品成为了一种"稀缺资源"。

这类产品一般是一些区域性的地方特产如宁夏枸杞、秭归血橙等，通过熟人推荐和信任保障，是非常合适的微商产品。还有一种就是稀缺的渠道、价格，比如海淘商品，代购能够拿到比国内便宜很多的商品，为了优惠的价格，很多顾客会选择海淘代购。

拿宁夏枸杞、秭归血橙来说，虽然淘宝上也有销售，但是 121 微店销售的全部是正宗原产地的产品。121 微店有 2000 个地方电视台的重要伙伴。稀缺资源产品，如图 4-31 所示。

图 4-31　稀缺资源产品

7. 易展示

互联网上强调即视感。

看了下面这两幅图（见图 4-32），是不是就很想吃！这是 121 微店上销售的银耳。

图 4-32　121 微店图片展示

再看下面的两幅图片（见图 4-33），这个血橙长在长江边十米，上架几天就把这整片的血橙销售一空。要找那些能激发顾客购买欲的产品，你会事半功倍。

『社群革命』

图4-33　121微店图片展示

以上所述,是一个微商产品所应具备的基因,在实际应用中,并不一定全部满足,但一定要满足这基本的三点:消费升级需求,复购率高,毛利润高。在了解了基础的微商产品之后,如何选择一款适合我们自己朋友圈的微商产品呢?这就要用到"用户思维"的产品策略。

✤ "用户思维"的产品策略

"一切以用户需求为中心",产品选择可以采用"用户思维"的产品策略。微商做的是人与人之间的关系,而非简单的信息与信息、人与产品的关系,目标客户实际上是一个部落,也就是我们常说的社群,所以选择微商产品的时候要根据自己朋友圈的人群特征去选择。以下是选择微商产品的五大原则。

1. 选择品牌产品

品牌产品可以帮助我们更容易地打开朋友圈市场，也免去了我们前期一些信任背书的引导，品牌类的产品除了帮助我们打开市场，更能够保证产品本身的质量和性价比。朋友圈里的消费者一般都与我们本人有一定的社交基础，所以好质量、高性价比的产品很重要。品牌不仅能保证产品最基本的质量，还具有完整的供应链，能够应对各种售后问题，也能够提高售后服务质量。

2. 亲自使用，对产品有详细的了解

微商服务的对象是自己的朋友、家人、亲戚等或多或少与自己有关系的人，而这种关系在有金钱往来的时候会非常敏感，因此所选产品一定要自己非常熟悉，自己先用过，对产品的各个特性都了如指掌，这样再给朋友推荐时才能够将产品的特点与朋友的需求结合起来，提高销售的成功率。

3. 选择自己喜欢的产品

兴趣是最好的老师，因为喜欢这款产品，所以自然而然地会全身心投入经营这款产品。所谓经营就需要多付出一定的心血，比如吸引人的文案、精美的图片等，所以只有喜欢这款产品才能最大化地经营产品。微商不仅是生意上的往来，更是一种生活方式，先生活，再生意。

4. 做好核心产品之后再扩散

核心产品能够稳定我们在消费者心中的形象，扩散产品一般也都是与自己核心产品相关的产品，搭配在一起可促进销售。

5. 推荐人人都需要的爆款产品

爆款产品是指供不应求、销售量很高、人气很旺的产品。有些产品适用人群广，人人都需要，微商可以主推。微商要善于挖掘产品的卖点，抓住产品独特的功能和价值进行宣传，创造需求，打造爆款。

在选择产品之后，我们可以通过"客户定位"的方式，来重新衡量我们所选择的产品。所谓"客户定位"就是分析朋友圈里的消费者是谁，分析当下所选产品是否能够满足消费者的切实需求。

在这里需着重考虑两个方面：

1. 客户对产品是否具有购买力

这里的购买力主要是指朋友圈的购买力。比如一款面膜，价格是199元一盒，一盒是20片，对于工薪阶层来说，也算是较高的消费了，而对于那些每月生活费只有1000多元的学生而言更是捉襟见肘，可恰巧你的朋友圈大多是学生朋友，那么这时候就可以选择另一款同样性价比很高但价格更低的面膜产品。要根据客户的实际情况，为他们量身定制属于他们的消费品。

两款不同性价比面膜，如图 4-34 所示。

图 4-34 两款不同性价比面膜

2. 产品是否契合客户的需求

是否契合客户的需求最主要的是自己在朋友圈或者微信群里推广的产品是不是适合。比如我们有一个微信群，群里全是宝妈或者是一些有孩子的妇女，在进入群之后你首先要观察她们聊的重点内容是什么，喜欢聊什么。如果聊母婴内容的多，你就可以推一些母婴产品；如果聊美妆内容的多，就可以推一些美妆产品。121微店平台的商品不需要囤货，任何一款产品都可以根据需求随时推广。

以上是关于选择产品的几种方法，熟练地掌握这些小技巧，选择适合有效的产品，能够在创业的路途中少一点艰难。微商没有什么真正的秘籍，就是靠自己的努力与诚恳一点一点地帮助别人，在这个过程中同时也提高了自己。站在他人的角度切实解决他人的痛点，是微商选品最简单有效，也是最根本的法则。

『社群革命』

掌握了以上内容，你就已经入门了，用业余时间顺便赚点零花钱不是问题。

第二节　微商二段—五段升级：如何成为专业微商

微商经营的不仅是产品，产品固然很重要，但是真要想在微商行业中获得大的收益，一定要学会经营人。

一、从重视产品到重视人

微商的本质是社交。微商依靠熟人经济发展而来，每天都要跟人打交道，要想成为一个专业微商，社群运营就显得至关重要。

社群就是基于相同或相似的兴趣爱好、通过某种载体聚集人气、通过产品或服务满足群体需求而产生的群体聚合，从"物以类聚"到"人以群分"，社群应运而生。

微商从开始的个人囤货、卖货，到现在除了产品本身之外，越来越重视价值服务。从产品输出到针对于人的价值输出，可以让微商走得更远。目前做得不错的微商，除了有自己的团队，还有自己的社群。

微商的引流成本越来越高，微商除了产品品质要好之外，发展用户也非常重要，而要找到自己的核心用户也要花费很多成本。社群的天然属性聚集着一帮有相同价值观或兴趣的人，当他们因为某种相同的兴趣爱好聚集在一起，因你的专业度、因你的个人魅力然后去购买你的产品或者服务，这种带有情感的销售比普通的产品销售更为牢靠。

二、运营自己的微信群

成为二至五段的微商，学会经营群是必备技能，包括较大的 121 微店平台的合伙人。

微商在经历了个人囤货、培训会销等形式后，你会发现，做得不错的微商基本上都有自己的社群和团队，最基本的社群是微信群。

群员们以共同的价值观、以微信群为纽带相互进行沟通，进行着资源、经验、人脉和渠道的共享，社群经济其实就是信任经济。你把微信群玩好了，就可以支配各种人脉，使用各种资源。

玩转微信群先从群的创建、管理和设置开始。

✤ 微信群的创建、管理和设置

1. 创建

点击微信界面右上角的"+"图标，然后点"发起群聊"，勾选你想要添加到群里的好友，然后单击"确定"，你就建立好自己的"微信群"了（见图4-35）。若是想删除群中的某些成员，可点击聊天界面右上角的"-"按钮，就可以删除成员了；添加成员的时候，则单击"+"图标。

图4-35 创建群

2. 名称管理

微信群人群的聚合以某一种价值观而形成，微信群名称也要遵循这种价值观。设置群名称不仅便于在日常使用和管理过程中的查找，也是让大家了解一个人、一个公司、一个组织的开始。群名称的设置有一定的技巧，可以是所属的组织、个人的名字，例如121微店新兵训练营、121微店某某服务商群、某某服务商合伙人群。

3. 微信群的分类管理设置

随着做微商的人越来越多，微信群也越来越多，我们可以根据群的重要性对群进行分类管理。

（1）设置为"置顶聊天"。此功能的目的是把重要的群设置在聊天首页，以方便查看。设置方法：点击群的右上角进入，点击"置顶聊天"即可。

（2）设置"保存到通信录"。为了防止删除聊天记录后无法找到群。可以把群设置到保存通信录里，下次在通信录"群聊"里就可以找到。点击群的右上角进入，点击"保存到通信录"即可。

❀ 怎样做好一个群主

前面说过每一个群主就是一个IP，就是意见领袖。做好微商，群主做得好不好是成败的关键。那么，如何做好群主呢？应该从哪些方面着手？

第一，微信群是一个社群，就会有共同的观点、兴趣或者某种共同的联系。微商的本质就是先生活、后生意，是一种生活方式，也是一种生意方式。作为群主的你，首先要定位你的群方向。其中，简单直接的就是"卖货"，但是这种方式只有对你的人和商品有足够的认可时才可以实施；而更多的时候是定位在你所选择的商品方向上，比如，微商学习类、兴趣爱好类、产品定位类（比如宝妈教育、健康保健）。定位好你的群方向是你下一步运营群的基础。

第二，给自己的群起一个好的名字。根据自己的定位和群里的人群属性起一个响亮的名字。这里举几个例子。

以自己亲友为主体的微商创业群，比如"欢乐创业团"群，如图4-36所示。

『社群革命』

图 4-36 "欢乐创业团"群

以某个吉祥物为名称的群，比如"121 金鹰战队"群，如图 4-37 所示。

图 4-37 "121 金鹰战队"群

『 第四章　从"小白"到"大佬",微商九段升级法 』

以目标为名称的群,比如"121温县创富营"群,如图4-38所示。

图4-38　"121温县创富营"群

以培训为切入点的群,比如"121辉县训练营"群,如图4-39所示。

图4-39　"121辉县训练营"群

第三,既然是社群就要有自己的群规。俗话说,没有规矩不成方圆,只有有规矩的群,才能更好地管理下去,才能约束很多不良行为,维护大家干净的群环境,这一点很重要,所以作为一个微信群群主,先要制定群规。特别是50人以上的群,群规是非常重要的。如果没有良好的管理,微信群往往就会变成广告群、死群。

第四,群规是需要维护的。群主既是群规的制定者,也是群规的维护者,首先要以身作则。如果作为群主自己都做不到,还怎么管理他人呢?以身作则,起带头作用,为大家做个好榜样是群主的职责。

有人群的地方就有各色人等,一个群难免会出现个别捣乱分子、极端的人,要冷静处理,可以私下沟通一下,如果没有效果要坚决将这些捣乱分子踢出群。有一次我观察一个微商的群,其中有一个卖减肥产品的人不停地在她的群里发广告拉人。我问这个微商怎么不处理,她说熟人不好意思。这是你的地盘,别人到你的地盘砸场子还是朋友吗?继续如此你的群就搞不下去了。

第五,做好意见领袖,它是最关键的部分。很多群运营不下去是因为群主没有做好意见领袖。好比你们家请客,你把大家请来,你却什么都不做,那么大家来干什么呢?群主要做好意见领袖。这个意见可以是你的生活观念、生活知识、产品知识,

『 第四章 从"小白"到"大佬",微商九段升级法 』

让大家到你的群里有所获得,这就是我们提倡的先生活,再生意。

第六,要勤奋。组建一个群是需要不停地维护的。自己维护不过来也可以设群管理员。长期不维护的群很快就解散了。

第七,增加群的参与感,可以给群里活跃的人员封个不同的身份,比如"群管""生活官""销售官""培训官"等。微商晒单的也非常多,要鼓励这种群体激励的行为,虽然微信是虚拟的,但是背后也是一个活生生的人,他(她)也会被群气氛所感染。在这一点上互联网社群与传统社群没有区别。在群里增强参与感,如图4-40所示。

图 4-40　在群里增强参与感

第八,定期组织线上、线下活动。除了线上培训、促销、投票等活动,线下活动也是非常重要的。"线上十年功,不如线下一会面",通过微信群导流的线下活动往往比线上效果更加明显。作为群主组织线上、线下活动会更好地发挥 IP 的作用,对群的维护发展非常重要。

三、做个引流高手

做微商的人都知道,那些做得好的"牛人",基本上都是引流高手,很多刚刚接触微商行业的新手,往往就卡在这里了。"粉丝"基数不大,想做出业绩一般都非常困难。

如何获得更多的"粉丝"、更好地推广自己呢?我们就从微商经常使用的 QQ、微信、微博、直播四个渠道来说说微商如何引流。

❋ QQ 平台引流

QQ 用户基数庞大,合计用户有 8 亿多,QQ 和微信都是腾讯的产品,而且 QQ 的使用者越来越年轻化,也是未来消费的主力军。手机 QQ 是移动端的一个重要入口,是微商重要的引流工具。

1. QQ 群引流

(1) QQ 群的好处是群里的人都比较专注,比如微商群就是微商群,运动群就是运动群,而且可以通过查找得到,非常精准。进群比较容易,通过率高。

（2）要达到比较好的引流效果，首先要加足够多的群，群多人也便更多。把群里的 QQ 号码全部导出来，然后进行一对一添加。同时可以在群里发一些推广信息，让别人主动加你。发信息前和群主打好招呼，防止被踢出群。QQ 群引流，如图 4-41 所示。

图 4-41　QQ 群引流

2. QQ 空间引流

QQ 空间的流量价值巨大。据 2016 年腾讯年报数据显示，QQ 空间月活跃账户数达 6.38 亿户，得益于 QQ 空间功能的完善如沉浸式视频体验、直播及允许家庭成员共同维护亲子相册，QQ 空间智能终端月活跃账户数达到 5.95 亿户，比去年同期增长 4%[8]。因此，对 QQ 空间的流量挖掘不容忽视。

---

[8]《2016 腾讯年报：微信月活跃用户为 8.89 亿》，中商情报网，http://www.askci.com/news/dxf/20170323/11004594038_2.shtml

（1）定位。先判断自己需要什么样的"粉丝"，需要什么样的"粉丝"就去找相关的人气QQ空间。比如做的是护肤产品，那就去找护肤类的QQ空间。先找到一个人气QQ号，就是QQ空间浏览量比较高的，因为我们要吸引护肤类的"粉丝"，在他发"说说"或者"空间日志"的时候可以去评论。以这个空间来说，基本上都是对这个品牌感兴趣的人，不管是想做代理的，还是买来自己用的。既然能看得到就有转化的可能。

（2）自己发布文章。以护肤品为例，我们通过搜集整理一些专业的护肤知识，重新编辑成文章发表，然后再加上一个非常有吸引力的标题，在文章的最后以推荐的方式加上微信号，长期坚持会带来不错的效果。

微信平台引流

通过微信平台内部引流，是最直接有效的引流方法。对于微商新手来说操作比较简单，也是最容易做到的。

1. 微信互加好友

（1）通过搜索绑定的手机号、绑定的QQ号查找，然后添加成好友。

（2）通过附近的人或者漂流瓶添加好友。

（3）同步QQ、手机里的联系人。

（4）通过雷达加朋友添加微信好友。

（5）通过面对面建群添加好友。

（6）随手换名片加对方好友。

（7）找到相同做微商行业的人进行互推，对比一下相互的人数，在自己朋友圈里相互推荐对方，这个也是最直接有效的方式。

2. 微信引流的技巧与注意事项

（1）微信主动加人每天不能超过 50 个人，超过后对方看不到你的申请。

（2）做好好友来源备注与分类，便于日后管理。

（3）掌握规律，每天花半个小时，坚持每天做，会一万招不如一招用一万遍。

3. 提高好友通过率的技巧

提前准备好交流语言，好的交流语言能引起对方的兴趣，达到事半功倍的效果。

技巧一："您好，上次在会场见过您，想向您学习。"毕竟每个人都不会拒绝别人向自己学习。

技巧二："我是某某人推荐的。"熟人引荐。

技巧三：完整地介绍一下自己，然后真诚地说出希望与对方交个朋友，态度真诚通过率也高。

技巧四：好奇心型，如"我在某朋友聚会上见过您，您还

『社群革命』

记得吗?"引起好奇。

技巧五:"我们有合作可以谈,上次听完您的课非常受益。"

✱ 微信公众平台引流

微信公众平台是一个巨大的流量池,上亿的用户在这里。关键是微信公众平台的"粉丝"都非常精准,因为每个账号都是有特定类型"粉丝"的。

1. 自建账号

对于有能力和精力的微商来说,可以自己建立账号,在一个领域精耕细作,慢慢地也可以有自己的固定"粉丝"群体。121微店台州服务商用121新媒体系统自建微信公众账号,如图4-42所示。

图4-42 121微店台州服务商用121新媒体系统自建微信公众账号

2. 找微信公众平台合作

（1）广告。为自己做一次付费的推送广告（初级微商不太适合，毕竟有成本）。

（2）互动。积极参与这些公众平台的活动，多在互动区文章区留言，带上自己的微信号，让别人注意到你。

（3）互推。微信公众平台也非常需要推广自己，增加"粉丝"数，那么微商可以和一些账号谈合作，由公众平台帮你推送，你转发推送的链接帮助公众平台引流。

3. 微信工具引流

微信多开软件（淘宝有售卖，建议少用，容易封号），主要功能就是自动添加人，可以随意定位到任何地方。

❋ 微博平台引流

微博天生具有媒体传播属性，其开放性、信息的裂变传播性，让微博成为一个很好的引流平台。微博的"粉丝"数量大，活跃度高，传播力度强，微博引流有以下几种方法：

（1）产品引流。关注我、加我微信号就赠送产品试用。

（2）"粉丝"引流。设置微博私信自动回复，告诉关注你的"粉丝"要交流可以加你个人微信。

（3）文章引流。发布文章在结尾处留下你自己的微信号。

（4）大号互动。多和大V互动混脸熟，每个人都希望被关注，多参与互动就有可能会被转发推荐。

（5）向大V付费推广。大V在微博推荐你，这也是最直接有效的方式。

（6）卖产品的多在微博搜索问题，帮助别人解答问题，做好服务也是获得"粉丝"的一个方法。

✿ 直播平台引流

2016年被称为"中国网络直播元年"。作为移动互联网快速发展的产物，网络直播是当前最为火爆的风口产业之一，各个直播平台如雨后春笋一样相继出现，比如花椒、映客、一直播等平台已经占据直播的半壁江山。

并不是"颜值"高的人才可以去做直播，未来的直播属于知识型主播，属于在垂直领域有一定特长的一批人。互联网的发展与进步让分享无边界，时代的发展会推动直播往细分差异化方向发展，所谓通过直播的引流也无非就是"卖"，卖专业度、卖关怀、卖情感等。下面我们根据主播类型，看看微商如何利用直播平台引流。

1. 美妆类主播

如果你是做美妆的，你觉得消费者为什么会购买你的产品？因为信任？因为你的产品好？当然这些都对，而最重要的是你的专业度。有了专业度才会有信任，展示你的专业度给别人，展现各种化妆技巧、化妆风格给别人，教别人如何打扮自己，从而把自己培养成专业领域的"达人"。因为专业，所以追随。后续的转化将会水到渠成。

2. 育儿类主播

讨论如何照顾宝宝，如何教育孩子，如何合理搭配孩子的营养，从而建立信任感，树立专业度，然后再推广产品。

3. 服装类主播

传授给大家服装搭配经验，进行色彩指导，讨论最新的时装流行趋势，帮人们做形象设计，等等。

总之，直播平台的引流就是结合直播的特点先卖专业度，再卖产品。

❋ 需要注意的问题

1. 时间规律

选择一个固定的时间段直播，方便"粉丝"能够知道你的直播规律。

2. 直播准备

各种直播设备，如三脚架、灯光一定要调试好。

3. 二次传播

把直播视频的精彩片段进行录制和剪辑，放在朋友圈、网站等地方，做二次传播。

4. 勇于尝试

每个人对"粉丝"的驾驭能力都不同，不要因为"粉丝"少而气馁，大主播都是从小主播积累而来，小主播也是主播。

总之，有人的地方就有江湖，人在哪里生意就在哪里。无论我们做社群运营还是通过各种平台导流，都是为了聚集人气。移动互联网已经由"物以类聚"进入了"人以群分"的时代，通过建立社群，玩转社群，将自己打造成意见领袖，树立自己的信任感，你就能成为一个专业微商。

第三节　微商六段—七段升级：相信团队的力量

进入六—七段的微商就需要有自己的团队了。

小成功靠个人，大成功靠团队。微商原先靠朋友圈刷屏的时代结束了，开始进入团队协同作战的时代。"众人划桨开大船，众人拾柴火焰高"，一个人的力量是薄弱的，团队的力量是惊人的。

一、建立团队

建立一支富有战斗力的微商团队，主要从组建团队群、取个好名字、灌输团队文化、建立培训机制、做一个有号召力的团队领导这几个方面入手。

❈ 组建团队群

社群营销时代，每个群都是一个团队，上面的章节已经介绍了如何建群、引流，此处不再赘述，补充三个简单的建群方法。

第一，以自己为中心建群。拉上100人左右，现在每个人都至少有200人的微信好友，建立100人的群并不难。第二，通过课程筛选建群。微商群必须经过层层筛选才能找到志同道合的伙伴，课程结束后，告知群即将解散，进行目标筛选，想听下次课程的可以互动报名。筛选出种子用户，不在没有意向的人身上浪费时间。第三，通过种子用户建群。重复第二种方法筛选人员进种子用户群，循环往复，一个小团队就建立好了。随着发展会大面积裂变，这也是微商的一个特点。

❈ 取个好名字

团队的本质和组建的目的就是凝聚力量，所以给微商团队取名也必须要遵循促进团结的原则。

产品需要品牌，团队同样也需要品牌，所以我们应该给团队取一个易记、响亮、有正能量的团队名称。争取让每一位合伙人参与其中，感受到荣誉感、使命感。例如温县团队取名叫"121微店温县百万创富团队"。这个名字也恰到好处地体现了团队成员的梦想：争取早日实现百万财富。

团队取名要注意以下几点：

（1）微商团队名称要围绕"三优"原则。"优"就是好的意思，即遵循"好听、好记、好写"三大原则。展示微商团队名称，最重要的目的就是传播。只有让人容易记住的名称才能满足易传播的条件。所以，团队名称一定要"好听、好记、好写"。

（2）微商团队名称最好与团队性质相匹配，让人一眼看到就知道你是做什么的团队。例如，百万创富团队（销售团队），一看到这个名称就知道你这个团队是做销售的。

（3）微商团队名称一定要响亮，充满正能量，不能含有负面、消极的字眼。例如"飞虎队"，让人看上去就觉得团队成员很有冲劲，很有活力。积极向上的团队名称也能给对手带来一定的压力。

（4）微商团队名称要独特，避免重复，至少不要跟其他团队名称相似，要有自己鲜明的特点。

（5）微商团队名称不能含有侮辱性语言或政治性敏感字眼，不论是从道德方面，还是从法律方面讲，都要避免造成不好的后果。

✿ 灌输团队文化

公司没有文化不叫公司，团队没有文化一样不叫团队。所以我们认为，不管是从团队精神上还是从团队管理制度上，要想打造一个有战斗力的团队，必须要有团队文化。比如 121 微店的文化理念：

理念：以人为本，诚实守信

方法论：分享、共享，成就他人，成就自己

态度：先生活，再生意

使命：让创业变得简单

愿景：我为人人，人人为我

没有团队共同价值观的人聚集起来就是一群乌合之众，只有不断为团队灌输价值观，才能让团队有凝聚力，才能走得远。

❀ 建立培训机制

越来越多的新人加入团队，尤其是很多"小白"，培训在这个时候就显得尤为重要，所以我们要经常组织培训。例如我们的培训机构人民网慕课 121 新电商学院，我们会邀请自己的金牌讲师、行业"大咖"或者内部精英根据不同阶段的合伙人，推出不同的培训课程，如微商技巧、微商心态、团队管理等，分享的内容要有实际操作性，有案例。

1. 每周安排一次精英合伙人分享

可以选一个最近无论是业绩、心态还是执行力表现都很优秀的合伙人，邀请他来分享做微商的一些收获与经验。分享的时间不用太长，一般在 20 ~ 30 分钟。太长的话其他听的成员

『社群革命』

也会感到疲惫，除非这个人的课程很有趣，互动很多。相互分享不仅让团队成员学到新的方法，而且是对这个被选中的合伙人的一种肯定，一种鼓励。

2. 每周安排一次团队内部辅导课

如果说讲课是单向输出价值，而辅导就是双向输出了。辅导前，让所有团队成员每人准备好最关心的几个问题，然后他们之间相互轮流问，团队领导者或者优秀的核心代理来解答。这样做的好处是团队底下的代理不会觉得有距离，这样他们就会反馈很多问题给你，无论是他们的销售技巧、心态、执行力还是遇到的困难等。这有利于你收集信息，进行团队后期的管理。

作为团队领导者，一定要耐心听取团队里面的声音，这样你才能发现问题的所在，解决这些问题，你的团队才能成长。就像皇帝也会微服出巡一样，领导者不能总是让下面的人反馈问题给你，也要自己去发现问题，这样得到的东西才是真实可靠的。团队成员在营销、团队管理的过程中遇到什么问题，或者他们自身的问题，都可以问，团队领导者亲自解答，给他们建议，告诉他们解决问题的方法。这种类似一对一定制化辅导对团队的成长非常有帮助，因为别人的问题可能自己也有，大家一起学习，也减轻了我们的工作量。

❀ 做个有号召力的团队领导

微商团队的领导人必须要有一定的号召力、影响力和感染力，必须能起到带头作用。就像一个国家，领导人决定了这个国家的发展方向，这个公司的领导人，同样决定了这个公司的发展方向。

团队成员会以你为榜样，把你当作目标，并且是以绝对服从的心态跟从你，跟着你走。作为整个团队的灵魂、主心骨，如果自己都没有做好，还谈什么去带领大家，人家又凭什么跟随你？

二、管理团队

建立团队只是第一步，如何管理好团队才是团队制胜的关键。建立微商团队就是要让成员之间协同合作，一个团结的、有向心力的团队才能所向披靡，无坚不摧。团队成员可以扮演不同的角色，分工协作，以此激发团队成员的战斗力。

❀ 微信群的团队角色分工

1. 微信群主

微信群主就是建群的人，群主可以由公司最高领导或这个事情的发起人担任。由于群里踢除有破坏力的人只能由群主完成，这就需要群主经常在线，以方便管理。微信群主所做的工作，如图 4-43 所示。

图 4-43 微信群主的工作

2. 群管理员

要管理好微信群,光靠群主是不够的,要各个角色相互配合才能营造好群的氛围,管理好群。设置一个专职管理员来配合群主工作,统筹协调其他各个群角色来共同完成管理的任务。群管理员的工作,如图 4-44 所示。

图 4-44 群管理员的工作

3. 群主持人

微信群的主持人是群里分享讲课的关键要素，需要在导师讲课过程中与导师相互配合，营造好的讲课氛围与流程。那么具体怎么操作呢？

（1）课前准备。微信群建立后，主持人要在群里定时发布具体讲课内容和讲师介绍，以图片和文字为主。如"今天晚上我们的课程主题是'×××'"，"今天我们邀请了重量级的导师×× 来分享"。在课程开始之前，人员在不断进群过程中定时循环这些介绍。群主持人发布课前准备，如图 4-45 所示。

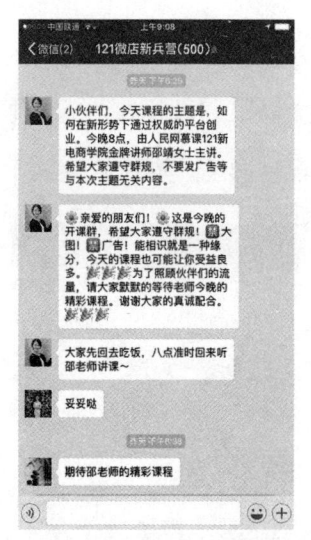

图 4-45　群主持人发布课前准备

讲课开始前的 3 分钟，主持人用文字主持即可，重点介绍一下课程和讲师，和群里人员倒计时讲课开始。如图 4-46 所示。

『社群革命』

图 4-46　群主持人倒计时讲课开始

（2）群规。没有规矩不成方圆，主持人设定好群规，例如不能发广告，不能加人。倡导什么，反对什么，要表达清楚，违者直接剔除群。设定群规，如图 4-47 所示。

图 4-47　设定群规

（3）人员筛选。微信群必须经过层层筛选才能找到志同道合的合作者。课程结束后,告知群即将解散,如果有不明白的内容可以加讲师微信进一步详细了解,进行有目的的筛选。想听下次课程的学员可以互动报名。筛选人群,如图 4-48 所示。

图 4-48 筛选人群

4. 推崇者

扮演这个角色的人在整个过程中要多推崇导师,因为你就像一个导游,这个景点有多么名贵,多么漂亮,大部分在于你的口才,在于你的推崇。推崇者可以是几个内部的小伙伴,把整个氛围衬托起来。扮演推崇者,如图 4-49 所示。

图 4–49　扮演推崇者

5. 内容整理者

（1）把老师讲课的内容整理出来，一些重要的观点句子、精彩语句写出来，方便学员使用学习，也方便学员截图发朋友圈。

（2）整理一些新鲜资讯，每天定时在群里发布一些最新的资讯信息，供群里人员了解学习。

❀ 激励团队

除了做好团队成员的角色分工，作为团队的管理者，更应该使用各种方法激励团队成员，下面列举群管理者通常使用的10种激励方法。

1. 榜样激励

团队的领导者要为团队的其他成员树立一个行为标杆，所谓的"表不正，不可求直影"就是这个意思。要让121微店的合伙人充满激情地去工作，管理者就先要做出表率来。因为团队领导者是合伙人的模仿对象，要用领导者的热情引燃他们的热情。在帮助合伙人创业的道路上充满激情，做一个受人尊敬的领导者，让下面的合伙人都能通过贡献自己的价值来发展更多的合伙人，做到不销而销。121微店某团队领导者的店铺，如图4-50所示。

图4-50　121微店某团队领导者的店铺

2. 目标激励

团队领导者要与合伙人建立有效沟通，善于把目标化整为零，把一个大目标拆分成 N 个可以完成的小目标，不断地激发合伙人前进的欲望。人的行为都是由动机引起的，并且都是指向一定的目标。这种动机是行为的一种诱因，是行动的内驱力，对人的活动起着强烈的激励作用。通过设置适当的目标，可以有效诱发、导向和激励合伙人的行为，调动积极性。121 微店某团队领导者激励伙伴，如图 4-51 所示。

图 4-51 121 微店某团队领导者激励伙伴

因为小梦想是一个人的事情，只能自己干；大梦想却是一堆人的事情，更有利于做团队。当我们能够找到大梦想时，我们的团队就会变得神圣，有生命力、有战斗力。当我们把一个人的梦想变成所有人的梦想时，这个梦想就会非常容易实现。

3. 授权激励

重任在肩的人会更有积极性，有效授权也是一项重要的管理技巧。

当我们建立一个微商团队的时候，个人的力量永远比不上一个团队，不管你多能干，也不可能把工作全部承揽过来，这样做只能使管理效率降低。

例如，我们在进行线上培训的时候，提前就要做好角色分工。有人来当群诊断师，通过解读每个人的微信朋友圈信息，来筛选这个人是不是我们的目标客户；有人来做主持人，主要起到培训预热、烘托培训气氛的作用；有人来做讲师，专门负责在群里解疑答惑。

通过授权，管理者可以提升自己及合伙人的工作能力，同时极大地激发起合伙人的积极性和主人翁精神。

4. 尊重激励

俗话讲，给人尊严远胜过给人金钱。尊重是一种最人性化、最有效的激励手段之一。以尊重自己合伙人的方式来激励他们，其效果远比物质上的激励要来得更持久、更有效。

5. 沟通激励

人们常说，"微商微商，想要成交，首先要聊"。虽然我们是通过朋友圈来推销产品，那也是基于朋友之间的相互信任，但是又没有谁是一上来就认识和熟悉的，沟通在这个时候就显得尤为重要了。

"聊"的方向可以是你们之间的共同爱好，也可以是彼此销售的心得体会，也可以就产品进行深入切磋交流，同样也可以是相互之间的打气鼓励，总之合伙人的干劲是"聊"出来的。与合伙人保持良好的关系，对于调动他们的热情、激励他们为团队积极工作有着特别的作用；而建立这种良好的上下级关系的前提就是有效沟通。要善于寻找沟通的切入点，消除沟通障碍，确保信息共享。

6. 信任激励

信任激励是诱导他人意志行为的良方。领导者与合伙人之间要肝胆相照。

既然选择在一起组团队共发展，那就要百分百地信任团队中的其他人。你在哪个方面信任他，实际上也就是在哪个方面为他勾画了其意志行为的方向和轨迹。因而，信任也就成为了启动积极性的引擎，也是激励诱导他人意志行为的一种重要途径。

7. 宽容激励

管理者的宽容品质不仅能使合伙人感到亲切友好，获得安全感，更能成为启动合伙人积极性的钥匙，激励合伙人自省、自律、自强，让他们在感动之中甘情愿地为团队效力。

胸怀宽广会赢得他人的尊重，会让你的成员甘心为团队效力。宽容是一种管理艺术，也是激励合伙人的一种有效方式。

8. 赞美激励

良言一句三冬暖，恶语伤人六月寒。一句话能够给别人一辈子的温暖和明亮；一句话能拉近你我的距离，也能让我们变得疏远；一句话能给予别人力所能及的帮助。

人都有做个"重要"人物的欲望，都渴望得到别人的赞美和肯定。在这里就给大家介绍效果奇特的零成本激励法——赞美。

著名的江本胜博士早期出版的《水知道答案》一书中，就全面直观地描述了语言的威力到底有多大。书中描述，对水的结晶体表达不同的语言，结晶体就会呈现出不同的形态。例如：面对水的结晶体说出"感谢""我爱你"等这些赞美的话来，结晶体在显微镜下呈现出完美的六角形状态；当面对水的结晶体说出"混蛋""讨厌"这些负能量词语时，结晶体在显微镜下呈现出的状态就是残缺不全的。结晶体在"喜欢"与"讨厌"词语下的状态，如图 4-52 所示。

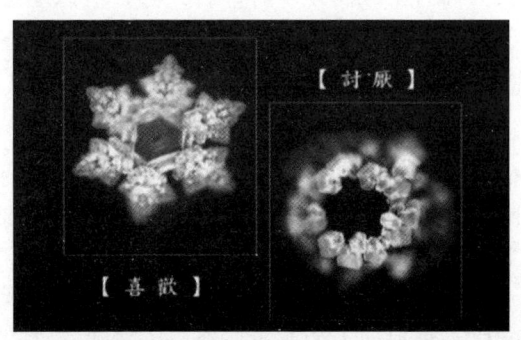

图 4-52　结晶体在"喜欢"与"讨厌"词语下的状态

科学家的试验表明：语言是一种非常有效而且不可思议的推动力量，它能赋予一种积极向上的能量，不管是对人还是对物，都能够极大地激发他（或它）的热情（见图 4-53）。学会用赞美的方式激励代理商，管理者所能得到的将会远远地大于付出。

图 4-53　赞美的力量

9. 情感激励

你要"够意思"，别人才能"够意思"，在团队中，不在于有没有人为你打拼，而在于有没有人心甘情愿地为你打拼。征服了"心"就能控制住"身"；让人"生死相许"的不是金钱和地位，而是一个"情"字。

在微信好友的朋友圈里，我们也常常看到一些求助帖，在可以确认求助信息真实性的前提下，我们通常都会尽自己的绵薄之力。一个关切的举动、几句动情的话语，比高官厚禄的作用还要大上千百倍。

"知遇之恩"也是可以制造的,将关爱之情带到合伙人身边,感情如柔水,却能无坚不摧。

10. 竞争激励

俗话说,没有比较,就没有伤害。在团队内部建立良性的竞争机制,是一种积极的、健康的引导。

人都有争强好胜的心理。在任何一个微商团队里,每一个人因为个人能力的大小,业绩也是有高有低,这是常态。所以才会出现有的人在短短的时间里积累很多财富,有的人做了几年也是业绩平平。这时的管理者如果设一个擂台,让合伙人分别上台较量,既能充分调动合伙人的积极性、主动性、创造性,也能提高团队的争先创优意识和组织活力。121微店某团队领导激励成员,如图4-54所示。

图4-54　121微店某团队领导激励成员

『社群革命』

有句著名的谚语：一只狮子带领的一群绵羊能够打败一只绵羊带领的一群狮子。由此可见，领导者在团队中起到的作用是至关重要的。

三、树立意见领袖的形象

无论哪个优秀的团队只要是想做大做强，就一定要不断地吸收新鲜血液，不断地提升自己开拓疆土的能力，作为领导者更应该通过自己的个人魅力，来吸引志同道合的人并达成共识，树立自己"意见领袖"的形象。把自己的梦想变成所有人的梦想。

（1）把最真实的一面呈现给大家。

无论是在朋友圈、微信群，尤其是你的个人微信，要尽可能地将自己最真实的一面展现给别人。众所周知的"鬼脚七"为什么会在短短的时间里吸引了众多的"粉丝"去关注他、喜欢他，其中很关键的一点就是真实，他的文章大部分都是他自己真实的故事和生活感悟，阅读以后第一让人觉得亲切，第二感觉就是可信（见图4-55）。所以当你的朋友圈、微信群里面的好友知道了你真实的故事，对你产生兴趣和信任，剩下的一切都会变得非常简单。

『 第四章 从"小白"到"大佬",微商九段升级法 』

图 4-55 鬼脚七微博

（2）真诚地对待你的每一位新朋友，多与他们交流。

如果有人加你微信，无非是三种可能：一是向你学习，二是想跟你合作，三是喜欢你。

不管是哪一种，你对每个朋友都要友好对待，不摆架子。人家找你沟通，再忙也要回复，不管是评论还是留言，都要做到不遗漏，让人感觉到他的存在性和对他的一种尊重感。

加了微信以后，没有交流的朋友，不算是有价值的朋友。凡是愿意和你交流的，都有机会成为新朋友，是有机会在一起合作的，所以建议不要放过任何一个与你主动聊天的人。

（3）定时分享有价值的信息，让别人觉得关注你会有成长。

每一个人都会有自己专业的一面，也就是自己的特长。你

『社群革命』

既然想通过微信、通过群打造你的团队,你就要在某个方面表现突出。比如你在亲子方面有自己的专长,那就可以时常分享一些与家庭教育、亲子关系相关的信息;比如你在健身领域上有自己的独特方法,那就可以多给大家提供有关健身、塑形等体系的专业知识;再比如你在社群运营方面很有方法,通过你的方法,别人可以跟着你赚到钱,那就会有越来越多的人追随你。把你的群打造成一个兴趣交流群,如图4-56所示。

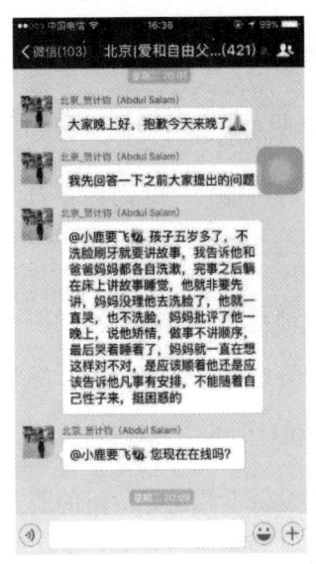

图4-56 兴趣交流群

被称为"世界三大运动"之一的一级方程式锦标赛被认为是魅力最大、最吸引人观看的体育赛事。这项运动也包含了以空气动力学为主,加上无线电通信在内,以及其他电气工程等

· 130 ·

世界先进技术，我们今天欣赏的 F1 比赛可以说是高科技、团队精神、车手智慧与勇气的集合体。令人瞠目结舌的换胎时间一般会在 3 秒内完成，如果没有领导者的统筹安排，没有各个成员之间的沟通协作，恐怕是真的无法实现的。F1 大赛，如图 4-57 所示。

图 4-57　F1 大赛

没有完美的个人，但可以凝聚成完美的团队。微商团队需要既能独立作业又能协同合作的人。作为微商团队成员，应化个体潜能为团队智慧，找准自己在团队中的坐标，享受从团队中获得的成长与进步；微商领导者要懂得利用团队的力量取得成功，虽然一个人可以走得很快，但一群人才能走得更远。

第四节 微商八段—九段升级:"大佬"的修炼之路

想要成为微商九段"大佬"必须让自己从一个经营者变成一个领导者、产品体验者,带领团队设定目标并且为达成这个目标不遗余力;而领导能力又是第一能力,因为领导力可以让效率大大提高。

一、从经营者成为领导者

领导者是指动员其他人的努力和行动,以实现共同目标。比如习近平总书记是我们国家的领导者,他的责任就是带领全国各族人民,实现中国梦,实现全民小康。

作为一个企业领导者的刘强东就是通过动员员工一起完成京东的目标,让每一个员工都能以提高用户体验为中心,从而使京东成为最大的 B2C 电商平台。

作为 121 微店的创始人,每天思考的就是如何让员工和我们一起,优化 121 微店的产品和模式,使体验最佳化,让大众创业变得简单。

领导能力不是天生就有的,它是一种技能,是用来影响别人、让他们全心投入、为达成共同目标不懈努力的技能。若想拥有这项技能,需要后天不断地学习和实践。

提及领导就自然想到了管理，领导和管理有什么不同呢？我们先了解一下领导和管理的区别。

✤ 领导

1. 每个人都可以成为领导

每一个人都可以成为领导。领导是在实践过程中，由于一系列的具体事情，大家对他产生的信任积累起来的，并不是传统意义上指定的，尤其是微商团队的领导，更不是哪级代理或者公司指定的，而是在带领团队成长的过程中，给大家指明方向，不断激励大家前行，不放弃，付出最多、效率最高，总是在关键时刻做出正确判断的那个人。

所以，领导不是指派的，而是由信任积累起来的。

2. 领导具体做的工作：方向、群众、激励和鼓舞

首先，作为团队领导的第一任务是为大家指明方向，让大家知道自己要做什么，就如同习近平总书记在视察崇礼冬奥会建设时说的"只要方向对了，就不怕路远"。

微商团队的领导，也要给大家指明方向。告诉大家当年团队的目标是什么，比如2018年要完成1个亿的目标。

其次，群众工作就是团队成员的工作。要及时主动地和团队成员沟通，了解团队成员的思想动态。告诉他们公司最近的方向、目标，询问他们在销售中遇到的困难和瓶颈，需要得到

『社群革命』

的帮助。

作为团队领导要向习总书记一样，走基层，进入咱们百姓家里实地查看、聊天，掌握一线的实际情况。作为微商团队领导，也需要如此，否则团队会出现严重的人员流失。

再次，团队领导要做出适合团队现状的激励政策，让大家在为共同目标奋进的路上，不断得到肯定和成就感。比如有的团队领导会隔一段时间就组织大家出去旅游，作为对最近表现突出的团队成员的奖励。有的团队领导会组织优秀的团队成员进行封闭式学习，并颁发证书、奖状。这些都是我们微商领导所做的基本工作，不断通过有形的、无形的激励，让大家保持创业的激情和销售的热情。

最后，作为团队领导，还要鼓舞人心。有的团队成员可能在路上会遇到挫折和失败，尤其是大家对微商有误解的时候，更是让人灰心丧气。在这个时候，作为领导就得及时站出来，主动去和受伤的团队成员沟通，鼓励他、肯定他，给他鼓舞、安抚，让他恢复激情，有信心继续战斗，直到取得成功。

3. 领导目标的实现更加依赖情感、价值观的倾向性引导

由于领导是由团队成员的信任产生的，所以靠强制力并不是最好的管理手段，更多的是依赖团队领导和团队成员之间的信任和情感来管理。团队领导不仅要强调如何赚钱，还要引导成员有正向的价值观，让大家知道我们所做的一切，能够让自

己生活更美好，还要让大家知道自己的工作对社会、对国家的意义。比如很多微商团队领导，会带领团队成员进行捐资助学、去敬老院看望慰问孤寡老人等慈善公益活动。这不仅增加了团队领导和团队成员的信任和相互依赖，更用正确的价值观让大家重新认识自己工作的价值，对社会的意义。我们不仅仅是为了赚钱，更是要成为一个对社会有持续贡献的人。

所以作为团队领导者，要明确自己的定位，不要简单粗暴地对待你的团队成员，而是要加强和他们的沟通，给他们不断灌输正确的价值观，让大家一起砥砺前行。这样既可以保持团队的稳定性，也可以保持团队发展的持续性。

❀ 管理

1. 由职位带来

管理是由职位赋予的工作中的权力，比如总裁、总监等。这些人都是经董事会表决通过，并且授予一定的权力，在工作中负责管理所辖业务和员工。管理是因为权力带来的职责。

2. 管理内容主要包括计划、预算、组织人员、控制和解决

计划包括工作计划、财务计划、人力资源计划等。各个部门的预算也需要做详细，以方便控制成本、审计支出等。做好员工的招聘、管理、培训。控制业务发展的方向，保持和公司目标的一致性。解决工作中遇到的问题。

3. 管理目标的实现依靠实质性的监控机制或者手段

比如通过打卡，对成员迟到早退进行监控，并根据实际情况进行惩罚。比如对 KPI 完成情况的考核；对损耗和成本把控出现的问题，对相关责任人进行惩罚。这都是实现管理目标的手段和机制。

怎样才算是一个合格的管理者呢？吉姆·库泽斯说：管理者在领导能力上是受到尊重的专家、演讲者、顾问、作者，是一个思想的输出者，团队的领航员。

二、成为领导者的五点要求

1. 以身作则

（1）以身作则来赢得权力和尊重。

（2）以行动体现共同价值观。

（3）"行"与"言"一致。

领导者的第一要务就是以身作则，是行动，自己就是价值观的代言人。我们很多团队领导者就是这样的人，为自己的产品代言，为自己企业的价值观作代言。以实际行动影响更多的人追随。

2. 领导者是规划公司愿景的人

（1）愿景是造就未来的力量。

（2）描绘未来清晰形象，引领行动。

（3）用自身对愿景的激情点燃追随者的激情。

马云在湖畔大学的开篇都是讲价值观、使命和目标。我们国家的愿景是实现共产主义。每个微商团队的愿景是什么？121微店的愿景是"我为人人，人人为我"，本人作为创始人、领导者，就要不断地在各种场合和会议上强调这一点。在与电视台的沟通中，不断地描述121微店未来清晰的形象，要做中国另一半的BAT。我每次分享的时候，都是满怀信心，不厌其烦，激情满满，因此很容易打动人，交流过的电视台领导，都纷纷表示要回去好好做121微店。在本书结稿之日已经有1100家广播电视台加入了121新媒体联盟，开始了从传统媒体向融媒体的转型。

3. 领导者是敢于冒险、善于学习、积极创新的人

（1）寻找创新、增长和改善。

（2）甘冒风险。

（3）从经验中学习。

领导者是不安于现状的人。我们很多团队的领导者都不断地尝试新的产品、新的激励机制，找到新的增长点，完善现有的制度缺失。

121微店母公司奥美地亚传媒从传统的传媒公司，在2014

年开始互联网转型。公司前后投入3000多万元进行研发和创新，这是冒着巨大风险的。在2017年，公司成功介入1000家县级电视台，成为国内新媒体行业的独角兽。在这个过程中，本人不断地跟各路计算机专家、商业模式专家沟通学习，并且请阿里巴巴、腾讯的高级管理人员充实到团队里。就是这样勇于创新、敢于冒险、不断学习总结，才有了今天模式先进的121微店项目。

4. 领导者是团队建设的高手

（1）靠团队的努力实现梦想。

（2）用信任和关系来促成协作。

（3）让他人感觉更强大、更有力量、更投入。

团队领导者是成就别人的人，只有成就别人，才可以成就自己。最糟糕的领导者就是自己逞能，觉得谁都不如他，不给员工试错和学习的机会，最后成为光杆儿司令，什么也干不成。121微店的愿景就是"我为人人，人人为我"，正是这份胸怀，才吸引了优秀的人才和战略合作伙伴不断加入，才使得121微店项目迅速成长，成为微商界唯一受邀参加世界互联网大会的企业。

5. 领导者会及时激励伙伴

（1）认可贡献，欣赏卓越。

（2）建立庆祝胜利的文化。

(3)庆祝和仪式建立起强大的团队精神和集体身份认同。

团队领导者要及时对团队成员取得的成就给予肯定和鼓励，而不是看到成绩不表扬，反而打压批评。这样会离心离德，员工尤其是做出突出贡献的员工，很快就会心灰意冷，甚至消沉下去或者离职另谋高就，使企业无端损失了优秀员工，微商团队损失了优秀的代理伙伴。

团队和伙伴的每一个成绩、每一点进步，都要及时庆祝，要有仪式感。在这个过程中，培养出整个团队的集体主义精神和集体身份的认同，而这个团队精神和集体身份认同是无法强制的，只能靠文化的吸引。

三、领导者的必备素质

（1）敢于承担风险。领导者要愿意承担风险，畏缩不前无法领导团队前行。

（2）对改变持开放态度。对于改变，要保持一个开放包容的态度和心态。这个世界唯一不变的就是变化，拥抱变化才可以避免不会被淘汰。

（3）接受多元化。团队成员来自五湖四海，各有不同的背景和成长经历，必然带来团队文化的多元化。领导者要接受这种多元化，并且以实际行动引导大家朝共同的价值观和目标前进。

（4）有激情。领导者要有激情，用自己的激情感染团队。团队领导者没有激情，那下面的成员很难持续地战斗。

（5）能合作。当今时代社会化分工越来越专业细致，只有学会合作共赢，才可以快速发展。

（6）有热情。对人和事物有持续的热情。没有热情的人，很难执着于某一件事情，不能坚持，不执着追求，失败是必然。

（7）团队精神。没有团队精神的团队就是乌合之众，乌合之众一盘散沙，难成大业。

（8）赋予能力。给予团队成员优秀的培训，让他们有胜任工作和取得更高成就的能力。团队成员成长了，团队才可以成长。比如121微店为了帮助成员成长，和人民网慕课共同建立了121新电商学院，来培养所有的微商伙伴。

（9）愿意授权。领导者愿意将自己的权力授予成员。如果不授权，或者授权后不给予空间和时间，频频干预，就无法培养人才。领导者将权力都放在自己手里，就没有足够的时间和精力去思考团队领导者该思考的问题，那么一出错就是难以挽回的损失。

（10）有信息。团队领导者应该有获取大量、及时精准的信息的能力，来引领大家的方向，帮助大家成长和业务发展。

（11）真实。真实的信息，团队真实的状态，团队处于发展期还是低潮期，都应该和团队成员明确沟通，向团队成员隐瞒现状是很危险的。

（12）诚实。这是团队领导者的基本素质。

（13）可靠。团队领导者要让人觉得可靠，没有比可靠的人和事更让人放心的了。

（14）持续一致。价值观、目标、用人都要保持一致，不能一日一变，让你的成员找不到方向。

（15）一个教练。帮助大家补齐短板、及时提醒、耐心指导、精密计划，才能打造一个战无不胜的团队。

（16）能支持。支持团队成员的创新。

（17）懂得庆祝。对于团队成员的每一个成绩、每一次成长都要以发自内心的热情庆祝。

（18）懂得赞赏。懂得赞赏对手、伙伴，增加彼此的信任和归属感，树立团队精神。

约翰 C. 马克斯韦尔说：领导能力的培养是靠每一天的积累，而不是一天就能实现的。

领导不是行政命令，不是"洗脑"，更不是管理和苛求，是领导力带动的行动和感动。团队领导者更应该摆正位置，做一个优秀的领导者，带出优秀的团队，成就更多的百万"大咖伙伴"，你就是真正的微商王者！

『社群革命』

✽ 声音

※ 离群索居者不是野兽，便是神灵。

——亚里士多德

※ 世界是平的。

——（美）托马斯·弗里德曼

※ 互联网有一个好处，我先前也说过，就是人人都能与数不清的人快速发生联系，基本上是零花费，不用美元，不费周章。

——伦纳德·克兰罗克

※ 未来的互联网是连接和内容。

——马化腾

※ 成功者一定是用自己的梦想点燃别人的梦想，是时刻播种梦想的人。

——李彦宏

※ 站在风口上，猪都能飞起来。

——雷军

※ 不要去欺骗别人，因为你能骗到的人都是相信你的人。

『 第四章　从"小白"到"大佬",微商九段升级法 』

——史蒂夫·乔布斯

※ 创业要行动迅捷,突破常规,如果你不能突破常规,你的发展速度就不够快。

——马克·扎克伯格

※ 你的选择是做或不做,但不做就永远不会有机会。

——李嘉诚

※ 不要等到明天,明天太遥远,今天就行动。

——马云

结语

『结语』

这一次的社群革命来得汹涌而激烈,它在重新定义和塑造我们每个人存在的价值和生活中的角色,一切才刚刚开始。

本书仅对近年来社群革命的冲击进行解读,并对本次社群革命最大的红利群体——微商进行初步总结,我们将通过自身的实践进一步探寻新社群密码,并将继续分享我们的成果。

感谢您的关注和阅读。